中国煤炭企业投资运行机制研究

——基于多元投资主体的视角

陈金库　张　伟　孟科学 ◎ 著

RESEARCH ON INVESTMENT
OPERATION MECHANISM OF
CHINESE COAL ENTERPRISES
—— BASED ON THE PERSPECTIVE OF
DIVERSIFIED INVESTMENT SUBJECTS

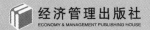

经济管理出版社
ECONOMY & MANAGEMENT PUBLISHING HOUSE

图书在版编目（CIP）数据

中国煤炭企业投资运行机制研究：基于多元投资主体的视角/陈金库，张伟，孟科学著. —北京：经济管理出版社，2019.7

ISBN 978 - 7 - 5096 - 2249 - 0

Ⅰ.①中…　Ⅱ.①陈…　②张…　③孟…　Ⅲ.①煤炭企业—投资机制—研究—中国　Ⅳ.①F426.21

中国版本图书馆 CIP 数据核字（2019）第 221907 号

组稿编辑：杜　菲
责任编辑：杜　菲
责任印制：梁植睿
责任校对：王淑卿

出版发行：经济管理出版社
　　　　　（北京市海淀区北蜂窝 8 号中雅大厦 A 座 11 层　100038）
网　　址：www. E - mp. com. cn
电　　话：（010）51915602
印　　刷：三河市延风印装有限公司
经　　销：新华书店
开　　本：720mm×1000mm/16
印　　张：10.75
字　　数：175 千字
版　　次：2019 年 12 月第 1 版　2019 年 12 月第 1 次印刷
书　　号：ISBN 978 - 7 - 5096 - 2249 - 0
定　　价：78.00 元

前　言

近年来，国家倡导和推动煤炭企业引进民间资本，实施投资主体多元化，采取如混合所有制改革等一系列旨在完善煤炭企业治理结构、提升企业效率的举措。但混合所有制改革对公司治理结构的影响和煤炭企业所有权结构的特殊性问题相叠加，使投资主体多元化背景下，煤炭企业投资运行的各个方面既具有特殊性，又具有复杂性。

混合所有制下我国煤炭企业投资主体多元化的进展及其对煤炭企业投资运行机制优化的影响具有重要的现实意义。借鉴委托—代理分析框架和契约论、博弈论的分析模型与方法，以我国煤炭企业发展的基本状况以及存在的问题为基础，对混合所有制下煤炭企业投资运行机制的特征及其存在典型问题的解决思路进行剖析，探讨其中的关键影响因素，对煤炭企业投资的投入机制、投资管理机制及其激励机制、投资退出机制进行最优契约设计，以获得我国煤炭企业投资运行机制优化的路径和方法。

煤炭企业的所有权结构是投入决策出现失当的重要原因，投入决策的优化不仅涉及融资模式，也与融资契约中关于责、权、利以及监督与制衡机制的安排有关。在我国煤炭产业变革的过程中，资源管理体制、国有股权的所有权模式和非市场化剥离非核心资产的改制模式都使得煤炭企业和政府（机构）之间存在密切的利益关系。在当前这个特定的制度环境下，当司法体系、市场制度体系不能形成对相关者利益的有效保护时，一旦缺乏完善的内部治理机制以及对中小投资者利益的有效保护机制，拥有控制权的大股东谋取控制权私利的动机就会得以强化。投资主体多元化既可以在形式上增加治理监督主体，又可以给外部融资人以吸引力，在这个过程中，更多性质与类型出资人的加入、更多类型债权人的加入、负债比率的提高等方面的变化，就是融资结构的调整过程。

资源管理体制和投资管理体制塑造了我国煤炭产业和产业内企业的特殊治理特征。煤炭企业投资后，现实的股权结构、实际控制权结构以及控制权配置与控制权利益关系的特殊性是日常投资管理过程中利益冲突的重要根源，良好的内部治理以及有效的高管层激励是改善煤炭企业投资运营管理效率的重要方面。目前，国有煤炭企业混合所有制改革不断推进，但总体上影响力较小，无法有效地参与到公司日常的经营管理活动中，基本上无法对公司决策与管理形成有效的监督与制约。股权高度集中导致的控股股东内部人控制现象，加上煤炭资源、煤炭产业以及煤炭企业在地方政府政绩中的特殊地位，使得煤炭企业管理层道德风险的产生除了如个人利益最大化、委托人和代理人信息不对称等一般性原因外，也有如实际发展和改革目标差距、制衡机制不完善、人员选聘制度不完善和我国资源、能源管理制度不完善等特定问题，使得煤炭企业高管人员道德风险的产生有其特殊性，对高管人员的有效激励也成为非常重要的问题。这个问题的解决不仅涉及如何配置与行使控制权，如何恰当地监督、评价和激励高层管理人员也是公司治理中的重要环节和重要问题。激励机制的核心之一便是能够通过契约对高管人员的消极行为或违法行为进行预防或者惩戒，促使高管人员努力为出资人的财富最大化服务，不断降低代理成本，进而实现既能留住人才，也能人尽其才，同时能协调高管人员、所有者和企业三方关系的良好状态。

投资退出同时受到企业内部和外部多种因素的影响，投资退出不仅涉及退出渠道或者退出方式，更重要的是退出时机以及退出定价问题。在所有权竞争性转让的价格和退出价值如何被决定的过程中，既有被投资企业内部不同投资主体之间的协作或分歧的影响，也有投资主体的风险态度、价值观等个人特质因素的影响；既有股权价值预期等主观因素的影响，也有内外部投资主体互动的客观因素影响和宏观环境所产生的市场竞争格局与状态的影响。投资退出最优时机和最优价值的决定过程既是新老股东之间的博弈和身份转换，也是市场维护投资效率的微观机制。

总体来看，我国煤炭企业投资运行机制中这些主要问题的形成与解决既与具有中国特色的企业基础导致的企业运行机制不畅有关，也与煤炭产业发展中地方—企业之间直接或间接的同盟有关。在煤炭产业市场化快速发展的过程中，市场有效调节产业发展的机制尚未有效建立，行政意图等非市场化因素影响明显，使得我国国有煤炭企业存在预算软约束、盲目生产和重复投资等典型问题。这些问题的解决既需要通过混合所有制改革不断地推进投资主体的多元化，又需要强化制度变革，完善煤炭企业内部治理，进一步深化煤炭产业的市场化改革。

本书的思路从四个方面展开：一是在明晰我国煤炭企业投资主体多元化现状和投资运行现状的基础上，将一般理论和煤炭企业投资运行的实际情况相结合，探讨投资主体多元化与煤炭企业内部治理问题的特殊性；二是分析多元投资主体下的组织行为及其影响下的决策过程，根据投资主体的性质、投资项目属性等因素，研究特定的融资模式，继而构造多元投资主体下特定投入决策的模型优化投入决策；三是在我国煤炭企业内部治理的现实机构和特殊性的基础上，分析股权结构与控制权配置中的利益冲突协调及投资运营管理中的道德风险问题，从我国煤炭企业委托—代理关系的特殊性出发，对煤炭企业的激励机制进行研究、设计并分析最优激励契约的特征；四是对影响煤炭企业投资退出的因素和常见投资方式进行分析，探讨最优退出时机和退出价值的决定机制。

本书在写作过程中，得到孟科学老师的大力支持和帮助，张伟老师也做了很多工作，牛冲槐老师、张士强老师对本书的书版也给予了指导和帮助，在此一并表示衷心的感谢并致以崇高的敬意！

由于作者水平所限，加之编写时间又较为仓促，所以书中不足与疏漏之处在所难免，恳请读者批评指正！

目　录

第一章
绪　论

一、研究背景

　　煤炭资源是我国国民经济和社会发展的重要物质基础，煤炭企业的发展水平直接关系国家能源安全和经济的可持续发展。近年来，国际经济复苏乏力，国内产业结构调整、经济增速放缓，煤炭企业表现出强周期性和发展的起伏性。

　　近年来，我国经济继续保持中速平稳运行，工业化和城镇化进程加快，但煤炭产销量出现下降趋势，煤炭产能过剩。根据国家统计局修订后的 2013 年全国煤炭产量 39.69 亿吨计算，2014 年全国原煤产量为 38.7 亿吨，同比下降 2.5%，这是自 2000 年以来首次出现的下降。2018 年全国原煤产量为 36.8 万吨。同时，煤炭运量下滑，煤炭库存居高不下。煤炭进出口规模缩小，煤炭价格再现下滑趋势，煤炭行业固定资产投资不断减小。2012 年以来煤炭行业经济效益连续大幅度下滑，2012 年、2013 年和 2014 年煤炭企业利润分别下降 15.6%、33.7% 和 46.2%，降幅不断加大。

　　另外，受国际社会应对气候变化、减少温室气体排放的努力和清洁发展趋势的影响，世界范围内煤炭需求增速持续放缓。世界煤炭需求总量尽管仍有小幅增加，但主要是因为新兴经济体煤炭需求增长，发达经济体的煤炭需求仍处于持续减少中。到 2012 年，国际煤炭市场供求矛盾爆发。此后 3 年，美国已有 30 多家煤炭公司申请破产。主要煤炭资源大国为促进经济发展，逐步扩大国际合作，煤炭开发利用领域广泛采用高新技术，世界煤炭工业向集团化、集约化、多元化、洁净化方向发展。从国内看，党的十八大以来，生态文明建设和清洁生产、绿色发展逐渐成为主流观念。根据调整能源结构、保护环境、控制 PM2.5 污染等因素的需要，煤炭在我国一次能源结构中的比重不断下降。2014 年 6 月 25 日，李克强总理主持召开国务院常务会议，顺应经济发展规律和世界经济走势，引导和促进我国产业结构优化升级及其空间布局调整。为此，煤炭企业要向市场主导型、清洁低碳型、集约高效型、延伸循环型、生态环保型和安全保障型转变。完善煤炭企业国有资产管理体制、推动多元化投资和股权多元化、发展混合所有制经济、培育真正的市场主体是煤炭企业发展的可选之路。

煤炭企业发展的原因是比较复杂的，既有外部影响因素，如宏观经济增速放缓，主要耗煤行业产量增速回落、煤炭消耗强度降低，环境因素制约，能源结构调整、新能源替代煤炭增强，同质煤炭进口冲击等，也有其自身发展的缺陷。长期以来，我国煤炭行业作为国民经济产业链前端的采掘工业，其主体一直以统配煤矿为主，"一统独大"的计划经济惯性依然存在，尚未建立起现代企业制度，没有成为真正的市场主体。在经济上升期因煤炭需求旺盛而掩盖了自身不足，当经济减速或者调整甚至下行时相关问题就暴露无遗。明晰煤炭企业所有权结构、发展多投资主体性质的混合所有制经济、建立现代企业制度、科学治理、理性决策、把握市场需求、延伸煤炭产业链是煤炭企业走出困境、实现稳健经营和可持续发展的重要措施。煤炭企业由单一投资主体转向多元投资主体是煤炭企业发展的必然选择，是煤炭产业转移、产业结构调整和经济发展方式转变的客观趋势，也是煤炭企业投资主体多元化的内在要求，煤炭企业的股份制、股份合作制、混合所有制等理论与实践，也佐证了煤炭企业投资主体多元化的可行性和实现途径。

二、研究目的和意义

（一）研究目的

煤炭行业作为我国的传统行业，由于受其自身行业属性及国家政策干预的影响，长期以来在投资方面存在很多问题，主要表现在投资的盲目性、经营的被动性、投资决策缺乏规范性和投资运营项目效益偏低等。这些问题严重影响企业的运营效率和可持续发展，近年来许多企业进行了内部改革，取得一定的成果，但是依然没有从根本上解决问题。基于此，本书从多元投资主体的背景出发，重点研究煤炭企业投资运行机制，旨在通过对企业存在问题的分析来探索完善煤炭企业投资运行机制的途径，促进煤炭企业多元化融资，强化投资管理，提升煤炭企业运营效率。

1. 丰富投资理论体系，为煤炭企业的改革和可持续发展提供一定的理论依据

投资运动机制贯穿于投资形成、投资分配、投资运营和投资回收的全过程，表现为投资系统及其各组成部分在投资活动各个环节之间相互联系和相互制约的经济关系。本书通过对现代投资理论与实践、投资模式与投资运行机制、公司所有权结构与投资绩效研究成果的综述，总结投资主体、投资模式与投资运行机制及煤炭企业可持续发展的关系，构建煤炭企业投资运行的基本框架及运行机制，以丰富投资理论体系。现阶段，我国在矿业投资理论研究与实践探索方面的成果比较丰富，但对多元投资主体下煤炭企业投资运营机制的研究相对较少。本书在总结矿业投资研究成果的基础上引入多元投资主体、对煤炭企业投资运行机理和规律进行分析，

一方面可以丰富投资理论体系，另一方面可以为我国煤炭企业的改革和可持续发展提供一定的理论依据。

2. 为提高煤炭资源效能和提升煤炭企业投资效率提供启示

投资是煤炭企业发展最重要的环节之一，合理的投资运行机制是煤炭企业适应市场需求和提升运营效率的重要前提，也是企业扩大规模、降低成本、提高经济效益的基本途径。通过多元投资主体形成的企业所有权结构及其内部制衡结构可以有效避免投资的盲目性和内部决策失衡，为提高煤炭资源效能和煤炭企业运营效率提供可行途径。

（二）研究意义

经过中华人民共和国成立后 70 年的建设和发展，我国经济分布及煤炭产业布局客观上形成东、中、西部三个地带，并且在发展水平上呈现东高西低、阶梯递减的特征；而煤炭资源分布上却是东贫西富、阶梯递增的逆向背离态势，煤炭产业西移、逐步西进是产业转移、产业结构调整和煤炭企业发展的客观选择。通过产业转移和重点产业布局调整，促进经济发展方式的转变、深化区域合作、促进要素自由流动组合和投资多元化，发展混合所有制经济，延伸煤炭产业链，充分发挥煤炭资源效能，促进煤炭企业可持续发展，增强抵御风险的能力。通过多元化投资、培育大型煤炭企业、延伸煤炭产业链，科学布局、合理规划煤炭生产能力，实现渐进有序开采；提升装备技术水平，提高生产效率和资源回收率，集约开发，保证安全高效生产和利用；强化行业及企业管理，保护生态环境和安全。

近年来，随着我国产业结构升级和产业空间结构调整，不少重点大型煤炭企业迈出跨越省际、国境开采煤炭资源的步伐，而且，通过引进战略投资者等形式不断丰富煤炭企业的投资主体类型。江苏徐州矿业集团公司、山东淄博矿业集团公司和肥城矿业集团公司等十余家资源枯竭型煤炭企业已将触角延伸到西部的陕西、新疆、贵州等煤炭富集省份。比如，徐矿集团构建了新疆、陕甘、内蒙古、贵州四大煤炭生产基地框架，建成矿井 2 对、在建矿井 12 对，已形成 1000 万吨生产能力，三大基地建设使徐矿集团拥有 40 亿吨的资源开采权。徐矿集团在孟加拉、澳大利亚的矿业项目进展顺利。兖矿集团对省内的巨野，省外的贵州、山西、陕西，通过收购、兼并和直接投资方式占有煤炭资源 200 多亿吨。兖矿集团还在澳大利亚投资 11670 万美元设立澳思达煤矿、年产 150 万吨煤炭项目已投产，已形成年产 240 万吨的生产能力。中国神华集团取得了澳大利亚沃特马克勘探区域的独家探矿许可权，预计资源量超过 10 亿吨。多元投资的大型煤炭企业的发展对于保障煤炭稳定生产和供应、提高资源综合利用水平、提高矿区环境质量、促进煤炭工业可持续发展具有重要意义。比如，多元投资的形成、投资分配、投资运营和投资回收的研究，不同主体的投资目的、投资博弈及其逆向选择的研究，不同所有权结构的委托—代理及其激励约束机制的研究等。通过研究，为煤炭企业建立现代企业制度，实现全社会资源的最佳配置，发挥煤炭资源的最大效能，保证多元投资顺利进行并形成良性循环，取得最佳经济效益和社会效益提供借鉴和参考。截至目前，多元投资主体的煤炭企业投资运行机制尚未形成，狭窄的融资渠道和脆弱过短的产业链难以支持煤炭企业正常运行、增强抵御市场风险的能力。实践的发展迫切需要理论研究的深入及其成果的指导和支撑，因此，基于多元投资主体的煤炭企业投资运行机制的研究具有理论和实践上的重要意义。

三、研究内容和方法

（一）研究内容

鉴于上述背景和目的，本书研究的主要内容包括：在厘清我国煤炭企业发展的基本状况以及存在问题的基础上，探讨多元投资主体下煤炭企业投资的投入机制、投资管理机制及其激励机制和投资退出机制；分析多元投资主体下的组织行为及其影响下的决策过程，根据投资主体的性质、投资项目属性等因素，研究特定的融资模式，继而构造多元投资主体下特定的投资决策与投入机制；分析多元投资主体下投资管理的基本范畴与内容，探讨投资主体多元化对投资策略形成的影响，以及不同性质投资主体在投资运营过程中的分配机制、利益冲突与协调机制。前者主要涉及投资主体多元化背景下的融资决策机制，对不同投资主体的异质性，不同投资来源、渠道和方式各个组成部分进行分析，对投资主体的性质与融资形式、投资主体间的关系与融资组合的关联性进行分析；受投资主体性质、投资项目属性等共同影响，形成多元投资主体下特定的决策机制；后者主要涉及不同投资主体的性质与企业经营管理机构及其人员的关系，借助委托代理分析框架和激励理论，通过管理架构优化和激励措施来协调投资主体间的利益冲突，探讨多元主体下的投资管理机制。作为投资运行机制的重要环节，投资退出的原因、退出形式、退出时机和退出价值的决定也是重要的研究内容。

（1）由于受我国能源、资源行业的管理制度和发展历史的影响，我国煤炭企业以往的资本来源几乎全部是国有资本；近几年才通过如混合所有制改革等引入民间资本，加快了我国煤炭企业投资主体多元化的步伐。因此，尽管企业的投资运行机制及其优化问题本身不是新鲜的话题，但针对投资主体多元化下煤炭企业投资运行机制的研究仍鲜见于我国各类学术文献中。因此，针对我国煤炭企业投资主体多元化的进展及其对煤炭企业投资运行机制优化的影响研究，仍具有重要的现实意义。

（2）在研究煤炭企业的投资运行机制的过程中，并不囿于传统的单纯从资金运动的角度展开分析的模式，而是在煤炭企业投资主体多元化发展现实的基础上，考察我国煤炭企业所有权和控制权结构所带来的问题，从多元投资主体利益冲突与协调的角度来探讨煤炭企业投资的投入决策、投资后的管理与激励和投资退出决策的优化问题，为煤炭企业投资运行机制优化提供理论启示。

（3）在具体分析的过程中，借鉴契约论、博弈论的分析方法与模型，基于煤炭企业投资主体多元化的现实进展及其与煤炭企业内部治理的实际关系出发，建立最优投入决策、控制权配置及其动态调整和最优投资退出决策分析框架，意图为相关问题的解决提供理论参考。

（二）研究方法

（1）采用现场调查和理论分析相结合的方法，研究煤炭企业多元投资主体下的投资运行机理。多元投资主体是指企业不是由单个出资者出资，而是由多个出资者共同投资而设立的经济组织。目前，兖州煤业、中国神华等煤炭企业都在探索和实践基于多元投资主体的股份制、股份合作制、混合所有制等发展途径，取得了一定的进展和成效。所以，对已取得的成果进行调查研究是本书的重要基础，在研究过程中首先对国内主要煤炭企业进行调查，调查主要采用现场调查和网络调查相结合的方式进行，调查的内容包括多元投资主体的类型、特征，尤其是主体的异质性、投资目标的差异性和投资的合理性等方面，并采用理论分析的方法对煤炭企业由单一投资主体转向多元投资主体产生的资源配置生产性效应、资源整合创新驱动效应和融资模式与公司治理的互动效应进行分析，为后续研究奠定基础。

（2）采用投资的关联性分析方法，研究煤炭企业多元投资主体下的投资决策机制。投资的投入机制包括投资来源、投资渠道、投资方式选择与投资组合、投资结构等内容。不同投资主体性质不同，投资选择也不同，因此投资主体间的关系与投资组合呈现网络化结构，需要进行关联性分析。在分析的基础上，厘清多元投资主体下的组织行为及其影响下的决策过程，及其多元投资主体的决策机制。通过项目筛选中的信号传递与信号甄别模型，对企业价值取向与投入决策依据、利益冲突与协调机制进行研究，保证投资决策的真实性和科学性。

（3）运用委托—代理、控制权和契约理论及其相关方法，研究多元投资主体下投资管理过程中的利益冲突与协调。投资管理包括投资分配、制定和实施投资战略，限制投资运行的各种不利因素、保障投资运行和运营效率等内容。在投资分配和投资实施过程中，多元投资主体与煤炭企业投资管理者会形成委托—代理关系以及内部人控制，多元投资主体间会产生利益冲突和博弈。这是本课题研究的重点之一。所以，从煤炭企业内部治理特征及其特殊性出发，通过建立内部人控制下的委托—代理模型，界定投资人与投资管理人之间的权利义务关系。通过对委托—代理关系下的逆向选择和道德风险、控制权模型与投资主体利益冲突、利益相关者模型与投资主体利益冲突的分析，构建多元投资主体间的利益冲突与管理架构。

（4）运用契约理论和激励理论研究对投资管理者的激励机制。投资方对投资管理者的约束与投资管理者的需求选择必须恰当结合，因此有必要对激励与约束机制进行研究。一方面，通过最优激励契约设计的探讨，来分析科学有效的激励机制；另一方面，通过对声誉激励的功能及其道德风险约束的分析，建立声誉激励的动态模型，强化投资管理者的动态激励机制。此外，精神激励、工作激励、成就激励等也是激励机制中需要运用的。

（5）运用动态博弈模型分析多元化投资的退出机制。有投入就有退出，退出既是一个投资行为的终结，也是另一个投资活动的开始，资本只有在流动中才能增值。所以，投资退出也是投资运行机制的重要环节。本部分运用动态博弈模型研究煤炭企业投资退出的原因、退出的情形、退出的时机、退出渠道和投资价值的决定等内容，来奠定投资退出决策优化的基础。

四、研究思路和结构

（一）研究思路

首先，本书借鉴相关文献的研究成果在明确界定煤炭企业投资主体多元化内涵与特征的基础上，结合我国煤炭企业投资运行的现状与存在的问题，主要分析煤炭企业投资主体多元化的内在要求和必要性，结合股份制、股份合作制、混合所有制等理论与实践，分析煤炭企业投资主体多元化的可行性和实现途径。其次，在对不同投资主体的异质性、不同的投资来源、渠道和方式各个组成部分进行分析的基础上，对投资主体的性质与融资形式、投资主体间的关系与融资组合的关联性进行分析，探讨受投资主体性质、投资项目属性等共同影响下，借鉴信号传递和信号甄别模型，分析多元投资主体下的组织行为及其影响下的决策过程和决策机制以及相关的策略选择；通过对不同投资主体的性质与企业经营管理机构及其人员关系的分析，借鉴委托—代理分析框架、控制权模型和利益相关者模型，建立投资过程中投资各利益相关方的利益冲突与协调机制；通过动态博弈模型，来探讨投资过程中最优激励契约涉及的管理者激励问题。最后，研究煤炭企业投资退出的原因、退出方式、退出时机和退出价值决定等问题，奠定投资退出决策优化的基础。

（二）研究结构安排

结合上述研究思路，本书的逻辑结构安排如图 1 - 1 所示：

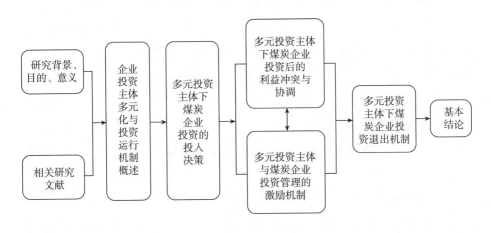

图 1 - 1 逻辑结构

第二章
国内外相关研究进展和成果

一、矿业和煤炭企业投资研究

投资是一个商品经济的范畴，投资活动是随着商品经济的产生而产生的。但是现代意义上的投资活动以及对投资活动的研究，是随着资本主义经济的发展而逐步完善起来的。西方经济学家对投资问题的研究是在社会经济市场化程度日益提高的客观要求下，在认识资本概念的基础上关注资本形成的结果。投资是指牺牲或放弃当前可用于消费的价值以获取未来更大价值的一种经济活动。投资是资本形成——获得或创造用于生产的资源。投资是各种经济主体（国家、企业、家庭、个人）以获得未来货币增值或收益为目的，预先投入一定量的货币或实物。从国外关于矿业投资的研究文献来看，最早的文献可以追溯到马尔萨斯和李嘉图关于矿产资源价值量大小的探讨。

马尔萨斯和李嘉图分别探讨了资源的绝对稀缺性和相对稀缺性，矿产资源价值量的大小由资源的有用性和稀缺性决定。约翰·穆勒说明了资源的稀缺性，缴纳地租就是为了获取采掘这种稀缺资源的权利，分为级差地租、经济地租、绝对地租和垄断地租。马歇尔认为，供给和需求是矿业权价格水平形成的两个最终决定因素，其他一切因素要么影响供给，要么影响需求，来影响价格。矿业权在某个特定时刻的价格取决于矿产资源需求者之间的竞争，取决于产品的价格。到 20 世纪 50 年代，丁伯根和康托洛维奇提出合理利用资源所能产生的社会经济效益。它反映资源的稀缺程度，为资源的合理配置及有效利用提供了正确的价格信号和计量尺度。里奇对矿业投资开发决策活动的研究表明，开发决策重要因素排序是政治因素（法律与政策的稳定性、持久性）、外汇管理法规和资本汇出、股份参与、税制和矿业权的保障。世界银行对矿业投资活动进行的研究认为，矿业投资决策的关注依次是勘探开发前的采矿权保证、得到优惠的税制、货币可兑换性保障、已设定的矿业法与优惠政策、允许设立外汇账户、现实的汇率和加速摊销等方面。奥托认为，矿业投资涉及的因素是非常宽泛复杂的。投资者勘探投资决策关注的重点依次是地质的潜力、政治的稳定性、土地使用权的保障性。采矿投资决策重要因素排序依次是盈利空间、政治的稳定性、利润的保障性。政治的稳定性、税收水平的稳定、矿业法规、土地使用权的保障性是勘探与开发、决策共同关注的因素。国内有关矿业投资的研究中，张敦富提出针对矿业投资环境的评价指标体系，他对投资环境进行了实证研究。1996 年，郭信昌对投资环境理论进行了分析与研究。曹新元和陈小宁等以世界先进国家和发展中国家矿产资源开发政策研究为背景，通过比较分析与实证研究，讨论了政策法规对矿产资源开发影响因素及程度的表现。李志坚、关凤峻主要以非油气资源的勘查开发为研究对象，深入剖析我国矿业投资政策、矿业投融资、矿业市场等诸多环节与领域的问题，并且提出了改善与优化矿业投资环境的建议。侯景新等对投资环境中的定量分析方法进行了系统和综合研究。傅鸣珂提出影响矿业投资决策的三个关键因素，即地质潜力、政治稳定性、土地使用权的安全保障，是投资决策三个关键因素。

　　总体来看，国内外有关矿业企业投资的相关研究文献中，对矿业企业产品投资供求、环境影响等事关投资行为的结果、影响等方面探讨较多，就矿业企业投资运行机制即投资过程及其控制研究的文献比较缺乏。

二、投资模式和投资运行机制研究

（一）国内外学者关于投资模式和投资运行机制的相关研究

投资是由投资主体、投资来源、产业结构、投资的地区分布等因素构成的，由于这些因素的不同，形成不同的投资模式。因投资主体结构不同，投资模式可以分为以政府投资为主要特征的政府投资模式、以民间主体投资为主要特征的民间主体投资模式和以外来资本投资为主要特征的外资投资模式。政府投资模式的基本特征是政府成为唯一的投资主体或政府投资在全社会总投资中的比重相当高。从理论上说，政府投资是凯恩斯主义宏观经济政策的重要内容，对宏观经济的稳定具有重要的作用。政府投资模式主要有两种类型：一种是政府直接生产的投资模式，另一种是政府间接提供的模式。所谓政府直接生产，是指政府投资建立企业，对公共产品进行直接生产。该类公共产品常常关系国家命脉，必须由政府投资。政府间接生产是指政府通过预算安排及其他政策，将公共产品委托给民营企业投资生产。在市场经济比较发达的国家，一部分公共产品是通过间接生产方式提供的。在这种方式下，政府对私营部门的公共投资进行管理，提供投资资助或参与投资。民间主体投资模式的特点是，民营经济投资占极大的份额，而国有经济投资占全社会固定资产投资的比重较低。布鲁斯所设计的投资模式大体就是该投资模式。他认为，中央一级应当在选择最重要的投资方向的领域做出自主决策，至于盈利收入的分配以及企业自有资金中投资的规模和方向的决策则属于企业决策的范围。民间主体投资包括企业投资与居民个人投资两大类。民间主体投资的动机是盈利。民间主体投资又可以分为直接投资和间接投资。外资投资模式的基本特征是外资占全社会投资的比重大大高于其他模式。狄帕克·拉尔认为，外国直接投资的反对者们夸大了它的有害作用，那么它的支持者也夸大了它所带来的好处。外国直接投资带来的技术和管理知识是其他形式的外国资本流入所没有的。外资投资模式主要有中外合资经营企业、中外合作经营企业、外商独资企业和外商投资股份有限公司等。李嘉图认为，每个国家专门生产自己具有比较优势的产品，并在各国之间进行贸易，能够实现贸易双方共同的经济和福利增长。20世纪80年代，克鲁格曼和赫尔普曼完善了李嘉图的比较优势理论，提出了动态比较优势理论，经过萨缪尔森、蒙代尔等的深入研究，该理论主要分为三类，即基于要素变化的比较优势理论、基于技术进步的比较优势理论和基于其他因素变化的比较优势理论。

国内许多学者也就投资模式和投资运行机制展开了相关研究。任晓东、韦方娥和李国民（2011）从投资管理体制和机制入手，比较分析国内外大石油公司投资管理模式的差异，认为国内外石油大公司均采用投资分级管理体制，普遍重视投资规划、项目决策、过程监控以及实施效果后评价与考核，并建立相应的机制。国内大石油公司的投资管理机制还需要进一步完善，借鉴国外先进经验，健全项目规划论证机制、绩效考核机制和监督机制，并更好地调动总部、事业部与企业投资管理的积极性与创造性。屈耀明和张玉顺（2011）认为，国外主要一体化石油公司投资管理模式具有以下特点：三级投资管理体制职责明晰；投资决策机制上下充分结合；量入为出地确定投资规模，各板块的投资比重保持相对稳定；采用统一程序和标准评价筛选投资项目，重视投资过程控制和效果评价；制定多套投资备选方案。因此，国内石油公司在投资时可以借鉴以下经验：建立层次合理、权责清晰的投资管理体制；加强投资管理方法研究；建立科学的投资管理体系，强化投资绩效考评，落实投资回报责任；深入研究关键节点监控方法，加大投资过程控制力度。王甫（2011）认为，国有大型企业规模庞大，在投资管理体制方面仍有许多不健全之处，因此给我国经济社会发展带来一些不良影响，需要全社会共同认真思考和改进。一是要继续完善法人治理结构，规范企业投资行为；二是要继续减少政府干预行为，促进企业独立经营；三是要优化投资审批流程，形成更加科学合理的投资审批制度；四是要完善项目投资评价体系，提升投资决策的科学性。李晓辉、周永源和高俊山（2010）基于盟主—成员的动态合作结构，研究其利益分配机制，认为动态合作的利益分配需要根据伙伴之间多样的协作形式，体现灵活动态的特性，合理的利益分配机制可以起到制度保障及激励的作用，促进合作成果的产生。

阮捷（2008）认为，为了提高公司战略联盟的稳定性，激发联盟公司的积极性，有必要对现行利益分配机制进行评价，据此提出改进方案，建立更加合理有效的公司战略联盟利益分配机制，评价利益分配机制必须遵循科学、民主、有效反馈和导向原则。董邦国（2000）认为，经济利益关系处理的合理与否，在很大程度上决定着企业集团凝聚力的高低，决定企业集团能否健康发展。因此，要根据各企业集团的实际情况，选择合理有效的利益分配方法，包括一次分配法、二次分配法、级差效益分配法和投资报酬分配法。林林和胡达沙（2003）提出两种方法来探讨团队合作这种新兴工作机制的利益分配机制：一是建立在专家评分基础上并带有一定主观性的权的最小平方法；二是建立在合作博弈框架上具有良好的客观性、公正性，运用Shapley定理确定的分配方案。孙鹏和赵艳萍（2008）认为，合作伙伴间收益分配是否合理将直接影响区域创新网络的运行效率与稳定，根据区域创新网络中合作伙伴的特点，将Shapley值法用于区域创新网络的收益分配研究，在实践中有着极为重要的指导作用，为合作伙伴的利益分配提供较为合理的分配方案。

戴建华和薛恒新（2004）将Shapley值法应用到联盟企业的收益分配问题研究中，从价值创造的角度分析合作者进入联盟的条件和进行收益分配的几个基本原则，并提出一种基于风险因子的修正算法。顾桂兰（2011）认为，目前一般利益分配法只考虑单个因素，如公平理论计算基于投资成本的利益分配值，Shapley值法计算基于贡献的利益分配值，模糊综合评价法计算基于风险的利益分配值。在上述三种方法的基础上，运用

TOPSIS 算法综合三种利益分配值求出最终利益分配值，此种综合利益分配法可以修正前三种利益分配法只考虑某一因素的做法，使协同利益的分配更加公平合理。周欣和霍佳震（2011）分别对供应物流环节供应商、制造商、第三方物流服务提供商（TPL）三方企业，在直接外包模式和领导物流合作伙伴（LLP）模式下的利益分配机制进行研究，拓展了单委托人—多代理人模型，结合相关委托—代理理论，建立了多委托人—多代理人的供应商—制造商—TPLs 整合模型。王军海和刘世伟（2004）认为，协调处理好经济社会发展中的各种关系，保持投资的协调增长和对经济社会发展的持续拉动作用，需要做到：①处理好经济发展与社会全面进步的关系，保持经济社会投资的协调增长；②处理好城市建设与加快农村发展的关系，保持城乡投资的协调增长；③处理好先进地区与落后地区发展的关系，保持地区投资的协调增长；④处理好省内发展与对外开放的关系，保持利用外资、内资的协调增长；⑤处理好当前利益与长远发展的关系，保持经济建设与环保投资的协调增长。

佘金凤和汤兵勇（2008）由分析风险投资相关因素的协调关系入手，研究其协调发展规律与趋势，从而初步建立了一系列风险投资协调发展控制模型，充分考虑到风险投资系统的动态时变特性，注重理论联系实际，模型结构与具体算法较规范，既有较强的理论依据，又便于实际操作，故有着较广泛的应用前景，为风险投资协调发展战略与宏观调控决策提供依据。佘金凤和汤兵勇（2008）运用大系统的理论和方法，按照区域风险投资协调发展规律及总体目标要求，从宏观角度出发探讨风险投资系统协调发展的控制途径，通过运用一系列数学模型，包括协调发展指数模型、协调预测模型、协调控制模型，对协调发展的现状和将来进行定量评价、预测与控制，为促进区域风险投资系统进一步协调发展提供参考。孙国岩和郭耀煌（2008）认为，合约的不完全性直接导致两级供应链上制造商创新投资套牢问题。当信息对称时，通过增加合约重谈机制，双方能够在一定程度上弥补不完全性。当合约用来促进供应链上下游企业间交易并且制造商从事成本降低投资时，由于存在套牢问题一般不能执行供应链最优的投资水平。通过设计协调机制，即签订初始合约并允许事后重谈，可以激励制造商达到供应链最优投资水平并且给出初始合约。刘瑞波（1993）认为，加强多层次投资协调有利于新投资体制的成长与发育，有利于合理产业结构的形成，有利于提高投资效益。要深化多层次投资，就要做到：进一步深化投资体制改革；集中必要财力，增强政府对投资活动的协调能力；综合运用经济杠杆，合理协调不同层次的投资；加强投资协调立法工作。

路戎（1988）认为，对社会投资进行有效的宏观调控，应特别重视以下几个方面的对策研究：一是继续深化投资计划管理体制改革，使之适应投资主体多元化的变动格局，并从实现社会总投资协调运动和以提高投资效益为中心这个根本要求出发来设计和重新塑造新的投资总量管理模式。二是根据新时期预算内外的投资变动格局，选取不同的投资规模调控策略。三是改革和不断完善与投资规模宏观调控密切相关的经济政策和经济、法律调节手段，减少因政策失误、经济手段运用不当和相关立法严重滞后对投资规模管理带来的干扰与逆向影响。

王习农（2011）认为，做好投资服务是确保投资促进成功的必要环节。投资服务可分为投资前期服务、中期服务和后期服务三个部分，借鉴国外先进经验，提出建立新型投资服务模式——立体式投资服务模式（"全方位＋整过程"）以及有效的投资服务评价机制。王习农（2011）认为，投资后期服务是投资项目建成并投产后为投资商提供项目运作与发展的支持与便利。受国际直接投资（FDI）流动、国际商业环境变化、企业生命周期及其发展阶段的影响，投资后期服务显得越来越重要。投资促进机构大体经过以下五个步骤，形成投资后期服务完整的工作流程：①实地调研，前期准备；②设定目标，选择合作；③分解定位，设计服务；④评估资源，确定途径；⑤监督评估，总结提高。江剑锋（2002）认为，美国开放式基金投资服务对我国有以下启示：一是重视投资服务；二是投资服务应考虑维护投资者权益；三是投资服务应考虑满足投资者多方面的需求；四是投资服务应考虑赋予投资者更大的方便性；五是投资服务应考虑满足投资者的不同偏好。

（二）煤炭企业投资模式和投资运行机制的相关研究

王鑫、石桂琴和王志要（2004）认为，集团企业投资理财意识淡薄，缺乏制度约束，投资管理人才匮乏，投资决策不科学，投资方向不明确，因此要构建集中专业化投资管理体制，建立健全投资管理制度。投资管理按环节可划分为投资决策、计划预算和控制，按内容可划分为财务管理与经营管理。应按环节和内容制定系统、完善的投资管理制度，明确投资活动的步骤和具体操作规则，规定投资管理机构、部门及相应的权力和职责。王志要（2007）认为，构建集中专业化投资管理制度应遵循以下原则：努力实现投资增值，并且最大限度地追求投资增值；确保投资资本安全，必须遵循投资后原有价值不下跌的原则；正确估计投资风险，包括市场风险、经营风险和财务风险等；把握正确的投资方向，使投资符合企业的发展方向及经营思路；有效的管理和控制力；实现企业资源优化配置。

冯战选（2012）认为，煤炭基建投资管理对行业发展会产生重要的影响，当前煤炭基建投资管理制度不完善，需要建立科学合理的组织结构，逐步完善投资核算管理部门工作，完善投资财务管理制度，同时需要建立人员委派制度，保证投资的科学性、合理性和针对性。当前需要加强对投资人力资源管理工作，发挥责任与信用的作用，提升整个投资管理的效率，为煤炭企业创造更多的社会效益和经济效益奠定重要的基础。缪国良（2004）认为，深化煤炭投资管理体制改革，就要建立基本建设基金作为资金筹集的重要渠道，以解决煤炭工业稳定的发展问题，基本建设基金在建设项目中以资本金的方式注入企业中不再抽回，不要求企业偿还；建立政策性投资、融资机构，筹集和管理国家重点建设所需资金，并建立按期偿还的运行机制；建立谁投资谁决策、谁受益谁承担风险的投资管理体制，真正落实业主的投资自主权及责任制。陈钝（1989）认为，深化煤炭投资管理体制改革，一是要更新观念：全局观念，即以国家利益为重的投资效益观念；自主经营的观念；竞争观念；投资有偿使用观念。二是要积极理顺关系，全面加强煤炭投资管理：精心安排项目投资计划；成立项目管委会、董事会，实行项目管理；全面推行招标投标制；进一步深化设计改革；认真抓紧清理在建工程。

陈雪松（2007）认为，国有煤炭企业加强投资管理的基本思路是：①到省外、境外投资首先应注意该地区的投资环境，包括政治、法律、税收、人文等方面；②文化背景的差异在很大程度上影响海外公司的发展；③项目前期工作应当进行深入细致的调查研究，认真分析目标市场的需求状况、建设条件、投资环境、环保容量、地方经济发展情况以及项目上马后对当地的影响等；④根据国家政策的变化，及时调整项目建设思路。衡敦兴（2009）认为，加强国有煤炭企业投资管理应做到：一是围绕企业转型升级，全力推进重点投资项目；二是严格履行投资项目决策程序，发挥各个环节的职能作用；三是加强投资过程监控，保障项目实施主体履职尽责；四是优化企业产权关系，探索高效管理模式；五是强化投资项目运营管理，维护企业合法权益。

赵金鹏（2011）认为，现代企业制度和科学的法人治理结构，需要企业集团对于投资管理理论和实践都要有所突破。企业集团实施有效的投资管理，关键是要改善投资结构，适度控制规模，发挥协同效应，实现投资目的。李勇（2010）认为，应对集团项目投资建设的风险采取以下措施：一是根据集团实际情况制定相应的财务管理机制；二是建立健全强有力的投资决策监督机制，加强项目可行性研究报告的再审查，严格控制项目投资总额；三是在加强企业全面管理和调控的同时，还要积极练好内功，大力加强企业内部的经营管理，以精细化为基础，加强成本管理；四是要积极打造对外投融资平台，多渠道、多方式筹集资金。王亚菲认为，中国经济系统的物质代谢总体规模较大但质量不高。中国近20年来物质减量化是相对的而非绝对的。资源消耗与经济增长之间存在长期双向因果关系，但各种资源之间差异较大。

胡勇（2008）认为，要加快建立西部地区煤炭资源开发利用的利益分配机制，一是要建立公平稳定的利益共享机制，包括建立利益共享的企业制度，完善产业关联配套机制，建立利益共享的价格形成机制，建立利益共享的税费分配制度；二是要建立科学合理的利益补偿机制，包括生态环境补偿机制、失地农民的社会保障机制、产业接替发展机制。杨勇攀和肖立军（2012）认为，资源利益分配机制可以综合可持续发展理论、外部性理论、资源耗竭理论及矿山级差地租理论，政府部门可以通过矿产资源价值核算、矿产资源有偿使用及财政补偿等方式实现矿产资源利益的合理分配，促进地区的均衡发展。李建（2006）针对目前煤炭企业利益分配中存在的问题，提出构建各方利益和谐一致的分配管理机制。企业利益共享分配机制由资产股份、虚拟股份、期权股份及劳动力股份组成，资产股份主要用于物质资本与技术资本的投资者，虚拟股份及期权股份主要用于决策层与管理层，劳动力股份主要用于普通职工。

国内外学者对投资模式和投资运行机制的研究取得了有价值的成果，但对煤炭企业投资模式和投资运行机制的研究成果较少。从投资模式研究来看，国外的研究主要建立在实证研究的基础上，其研究较具体，从相关理念的解释界定到其在具体领域中的应用或实现手段都有涉及，但是，对投资运行机制的研究较少，多数都是在公司内部进行个案研究，未形成完整而统一的框架，缺乏一般性的理论模式构建研究。在国内研究方面起步较晚，但取得了一定的成果，在投资模式和投资运行机制基本理论研究方面，多从投资管理、协调、利益分配和服务机制进行研究，范围比较宽泛、内容比较深入；在研究方法方面，定性与定量相结合，研究方法更加科学；在理论应用研究方面，微观的企业层面、中观的区域层面、宏观的行业层面都有研究。未尽之处表现在：从整体来看，目前的研究成果大多是枝节性、片段性的，尚未形成较为完整的投资模式和投资运行机制理论支撑体系；从研究内容来看，目前的研究大部分还停留在对投资模式和投资运行机制理论的部分环节、活动和对策方面的探讨，研究深度尚需深入；从研究的及时性来看，理论研究滞后于国内实践，对发展动态和趋势的研究还远远不够，研究缺乏主动性和前瞻性。

三、公司所有权结构与企业投资行为研究

公司所有权结构又被称为股本结构，是指在公司总股本中，不同投资主体所持有的股份份额及其相互关系，持有公司股份的股东享有与其拥有的股份比例相应的权益，同时也需要承担相应的风险。股权结构能够表现出不同的持股主体在企业经营控制权上的分布状况和剩余索取权上的匹配方式。股权结构反映权利在股东之间的分布状况。公司所有权结构是公司治理结构的一个重要组成部分，而公司治理结构则是股权结构表现出来的具体运行形式。公司所有权结构的差异会形成不同的企业组织结构和模式，从而决定公司治理结构，最终影响公司的行为和绩效。公司所有权结构并非一成不变，它是一个动态的、具有可塑性的结构。公司所有权结构通常包括两层含义：第一层含义是股权集中度，指股票的集中和分散程度，反映公司各股东所持股份占公司总股本比例的高低；第二层含义则是指股权构成，指不同性质的股东所持有的股份比例，具体包括国家股、法人股、社会公众股、高管人员持股和职工持股等。

（一）国外公司所有权结构与投资绩效研究

公司所有权结构最早由 Berle 和 Means 在 1932 年提出，他们收集了1929 年美国规模前 200 家公司的相关数据进行实证分析，提出了股权集中度与公司绩效之间存在着正线性相关性的结论。此后，Grossman 和 Hart（1982）的模型表明，股权结构分散条件下，单个股东缺乏监督公司经营管理、积极参与公司治理和驱动公司价值增长的激励，因为他们从中得到的利益小于监督公司的成本，这种模式在美英很流行。McConnellt 和 Servases（1990）通过对 1976 年的 1173 个样本公司，以及 1986 年的 1093 个

样本公司的托宾 Q 值与股权结构关系的实证分析，得出一个具有显著性的结论，即托宾 Q 值与公司内部股东持股比例之间具有曲线关系。

Boyeko、Shleiefre 和 Vishny（1994）对国有企业私有化的不同方式进行了探讨，认为国有企业私有化后效率必将提高，可以解决政府官员利用国有企业追求自身利益腐败问题的有效手段就是私有化，认为私有化进程中采取直接出售方式效率更高。青木昌彦（1994）经过对 20 世纪七八十年代苏联和东欧国家的激进式改革情况分析，认为国家计划部门突然解体而形成的权力真空，导致私有化后公司控制权事实上几乎完全由经营者取得。同时，经理层还可以通过与工人共谋在企业战略决策过程中实现他们的利益。青木昌彦把这种现象称作"内部人控制"。

Byokcoetal（1995）认为，政治原因导致俄罗斯许多国有公司私有化，其控制权实质上已经被经理层所有。Jones 和 Mygind（1999）对爱沙尼亚公司私有化后的效率分析认为，私有化并不能直接促成所有权结构根本性改变。Estrin 和 Rosevear（1999）对乌克兰 150 家国有公司的私有化研究认为，对于乌克兰的国有公司而言，私有化并没有使绩效得到改善，也没有出现预期重组，其最终结论是公司绩效与公司所有权无关。Roland（2000）认为，低效率的政府干预是转轨经济国家在国有企业治理中需要解决的根本性问题。Shleifer 等（2001）通过检验 1988 年 876 家最大的美国和欧洲上市公司数据，进一步探讨了股权集中度与公司绩效之间的因果关系，他们进行的 Granger 因果检验显示，英美上市公司的股权结构与经营绩效之间没有相关关系，而欧洲大陆法系国家上市公司的股权结构与经营绩效互为因果关系。同时他们还证明了大股东持股比例对公司绩效的负面影响在股权相对集中的情况下显著，而在股权相对分散的情况下不显著。

Ross（1973）最早提出现代意义的委托—代理的概念：如果当事人双方，其中代理人一方代表委托人，另一方行使某些决策权的利益，则代理关系就随之产生。此后，Jensen 和 Meckling（1976）对委托—代理问题进行了研究，并证明由于控股股东从根本上代表自身利益，如果公司存在控股股东，在分配利益的时候，控股股东可利用对公司的控制权，侵占其他股东的利益。Holmstrom（1979）、Mookherjee（1984）提出个人信息化特征模型，强调委托人的契约设计不仅要根据每个代理人的行为结果，还要考虑其他代理人的行为结果。Ernheim 和 Whinston（1985，1986）针对经济活动中存在多个生产企业共同委托一个代理商从事产品销售活动的现象提出共同代理理论。共同代理理论与双边委托代理理论的最显著区别是委托人是多个而不是一个。因此，共同代理是"多个委托人—单一代理人—单一代理事务"委托代理。

（二）国内公司所有权结构与投资绩效研究

我国公司所有权结构研究起步较晚，公司所有权结构与投资绩效关系在近年成为引人瞩目的研究领域。随着市场经济的发展，暴露出企业股份制改造不彻底的很多后遗症，其中，所有权结构的不合理导致上市公司治理效率低下、公司绩效不佳等问题较常见。公司所有权结构对公司治理、公司行为有着不可忽视的作用，进而影响企业的经营成果。国内学者对委托代理理论与应用的研究，从最初的对西方委托—代理基础模型的进一步修正、完善和简单应用，到目前针对国内不同行业、不同环境下多重委托—代理问题的相关决策模型的建立与激励机制的设定。

林斌等（2007）认为，政府投资、金融、财政三者之间联系紧密，政府投资不仅有投资的一般性功能，更带有明显的政策性倾向。政府投资管理体制具有相关的灵活性、适应性，与经济活动中的微观管理有着密切联系，同时与宏观管控体制有直接联系。马海涛等（2003）指出，政府财政投资是一种比一般商业性金融更为特殊的资金融通行为，它的产生源于市场功能与机制的某些缺陷以及政府干预与社会经济协调稳定发展功能的深化，是市场性与公共性、有偿性与无偿性、宏观与微观、间接管理与直接管理等的有机结合。马海涛和秦强（2009）指出，在预算软约束下，地方政府往往有过度融资的倾向，在相对宽松的信贷政策下，地方政府更积极发挥地方投融资平台的融资功能，通过货款、发行企业债券等形式快速融资。韩占兵（2011）认为，区域经济发展状况是影响企业融资结构形成的重要因素。区域经济发展不仅对金融市场产生交互作用，而且会影响企业的个体财务行为，最终使企业融资结构发生强制性制度变迁或诱致性制度变迁。其中，我国东部地区企业偏重于内源性融资方式，而西部地区企业偏重于外源性融资方式，融资方式会间接影响融资效果，进而影响投资力度。

马义飞等（2002）分析了实物期权理论在油气储量价值评估方面的应用。张雪梅等（2002）应用实物期权方法分析问题的思路、评估模型的构建和求解方法，阐述了实际应用中各参数的获取方式，使实物期权理论的实际应用有一个较大的突破。柳兴邦（2006）应用实物期权理论对油气勘探进行经济评价，通过与传统的净现值法进行对比，认为实物期权方法具有较大优势。高世葵和黄大忠（2008）运用 B－S 模型和二叉树模型来评估油气勘探的投资价值。简化参数，将 B－S 模型作为勘探项目投资决策的准则、将二叉树模型作为油气项目时机选择的依据。邓玉辉等（2008）对石油勘探项目实物期权定价模型中的参数———波动率进行分析，并提出波动率的计算模型；他们还在蒙特卡罗模型的基础上提出了产量和价格波动情况下期权定价模型波动率的估算方法。胡城翠（2009）改进了传统决策方法，并针对煤炭项目提出了煤炭行业的实物期权定价参数。黄生权（2009）构建了延迟期权的定价模型，并在此基础上建立了基于复合实物期权的评价模型。张红军（2000）对 1998 年的 385 家上市公司的实证分析认为，前五大股东持股比例、法人股比例与托宾 Q 值有显著的正相关关系。刘国亮和王加胜（2000）通过实证研究方法揭示股权结构的分散性与国有股的大小呈负相关，与流通股的大小呈正相关；公司经营绩效与股权结构分散性、经理人员拥有的公司股权大小、职工持股呈正相关，与国家股的大小、经理人员薪金等呈负相关。

吴敬琏（2001，2002）认为，股权组成结构不合理及多级法人制度是我国国有企业公司治理问题的根源所在；完善公司治理结构首先要着手解决"一股独大"问题。朱景和等（2002）通过对中国煤炭上市公司股权结构的分析，得出其股权结构具有三个明显特征，即股权过度集中、国有股所占比重过大、机构股东欠缺，不能发挥机构股东在公司治理和证券市场发展方面的积极作用。贺平生（2006）针对我国大多数国有煤炭企业进行公司化改造中出现的股权结构不合理，产权制度滞后，法人治理不规范，公司治理、文化尚未配套等问题进行探讨，进而提出调整和完善公司治理结构的做法。孙月静（2007）在分析股权结构与公司绩效的关系模型中增加了企业发展阶段变量。实证研究表明，处于成长阶段公司的股权集中度与公司绩效呈正相关；处于成熟阶段的公司绩效与股权集中度负相关，与股权制衡度不相关。邓涛和刘红（2010）通过对我国沪深 A 股煤炭业上市公司 2009 年度半年报的数据进行研究发现，在我国当前的资本市场环境下，股权集中型的煤炭业公司比股权分散型的公司更有利于公司绩效的提高，公司的净资产增长率与企业绩效呈正相关关系。

王新红和魏润娜（2011）选择煤炭行业的资本结构与股权结构、资产规模的关系进行研究，说明煤炭行业的资本结构影响因素存在其行业特性。作为国民经济中的重要能源行业，煤炭企业不仅要根据整个宏观经济的发展状况来调整自身的资本结构，同时也要考虑其行业特点，更要结合企业自身的实际情况，分析对本企业资本结构影响较大的因素，再进行相应的改进，才能使企业的融资效益达到最大。杨雁飞和王海龙（2011）首次运用随机前沿分析方法衡量从 1998～2008 年中国煤炭上市公司的技术效率，通过构建面板数据来检验资本结构和股权结构对技术效率的影响。结果显示资本结构、股权结构和技术效率呈倒 U 形关系，这与理论研究是相一致的。张莉（2013）提出，应研究适合中国国情的煤炭业上市公司内部治理结构评价方法，并指出中国煤炭业上市公司可以用层次分析法对其内部治理结构进行实证研究，找出公司内部治理结构中应着重完善和优化的地方。

刘萌（2014）基于哲学角度，阐述了煤炭上市公司股权结构对内部控制建设的影响。贾蕊和邢鹏程（2014）以我国成功上市的煤炭股份有限公司股权结构为实例，分析我国企业在该领域存在的弊端。通过借鉴国外上市企业的先进经验，为中国煤炭股份公司股权结构的改革调整提出可行性意见。宋贤（2014）从股权属性与股权集中度两个视角对现金持有水平进行实证分析。结果表明，在国有控股背景下，国有股比例与法人股比例对现金持有水平没有显著影响；第一大股东持股比例对现金持有较为显著的正相关影响，而前五大股东持股比例和现金持有水平没有显著关系。20世纪80年代末，时逢国有企业改革，国内学者最初仅是用委托—代理理论从定性的角度阐述对国有企业改革的观点和建议。随着委托—代理理论的发展，国内学者也逐渐利用定量的方法去阐述观点和建议。

唐绍祥（2002）在确定委托代理条件下，比较了委托—代理理论中的两种比较著名的模型——Weita - man 模型和胡祖光教授领导的课题组提出的"联合基数确定法"模型，得出了"联合基数确定法"更符合市场经济管理理念，更容易被企业经营者所接受的结论。盛方正（2007）将Stackelberg博弈和委托—代理的问题结合，利用 Stackelberg 博弈理论建立委托代理问题的数学模型与方法。徐晓东和王霞（2010）建立了在企业存在完全的内部人控制条件下的委托—代理模型，研究了在保证公司持续经营的情况下，其内部人和外部股东对企业剩余价值进行分配的经济边界、均衡路径及其变化。谢会芹、谭德庆和刘军（2011）对委托—代理模型进行了进一步的拓展，研究了具有竞争关系的多参与人委托—代理问题，建立了非对称信息委托—代理模型，并引入了敏感度这一概念。研究表明，当委托人业务能力高低对代理人的影响较敏感时，委托人更愿意花心思去提高业务能力。

国外早期的委托代理模型往往针对委托—代理中的激励问题，大部分文献仅仅讨论和企业经营管理相关的问题。随着对委托—代理理论与模型的深入研究，委托人代理人针对风险的态度，动态委托代理关系以及多层委托代理关系等内容逐渐成为委托—代理理论的主要研究内容。国外的研究成果比较丰盛。各国学者分别从实际情况出发，运用不同的研究方法进行充分的研究和论证，在规范分析和实证分析角度，都取得不小的成就。但是不同的研究也都得到不一致的结论。在这些研究中，大多数样本企业都是上市公司，涉及领域较广，但是没有专门针对某一领域（煤炭行业或煤炭企业）的研究。并且没有对公司所有权结构与投资绩效进行相关联系。国外学者的研究取得了有价值的成果，但多数都是在公司内部进行个案研究，未形成完整而统一的框架，缺乏一般性的理论模式构建研究，对煤炭企业的研究成果较少。

国内学者对于公司所有权结构与投资绩效的研究起步较晚，大都采用回归分析方法来研究公司所有权结构和公司经营绩效的相关性，各方面的创新力不足，所得结论各不相同。研究中所选样本、方法和指标以及所考察的时间、行业范围等尚不完全，存在借鉴国外做法的现象，所以研究所得结论的差异较大，还有待于继续深入探讨。国内研究虽起步较晚，但取得了一定的成果，研究范围比较宽泛、内容比较深入；在研究方法方面，定性与定量相结合、研究方法更加科学；在理论应用研究方面，微观的企业层面、中观的区域层面、宏观的行业层面都有研究。未尽之处表现在：从整体上看，目前的研究成果大多是枝节性、片段性的，尚未形成较为完整的理论支撑体系；从研究内容来看，目前的研究深度尚需深入；从研究的及时性来看，理论研究滞后于国内实践，对发展动态和趋势的研究还有不足。所以，深入进行公司所有权结构与公司绩效相关性的研究，有利于煤炭行业股权结构改进，改善公司经营绩效。

第三章
投资主体多元化与投资运行机制概述

一、多元投资主体的基本界定

多元化的基本含义是指企业不是由单个出资者出资，而是由多个出资者共同投资而设立的经济组织。为进一步明晰其含义与特征，并结合煤炭企业的实际发展来深入探讨其投资运行机制，本章的主要内容包括界定多元投资主体的内涵、主体类型和多元投资主体的特征，奠定后续分析的范围与基础。

（一）多元投资主体的内涵

作为本书研究的基础性概念，多元投资主体意指投资主体的多元化，在辨析其内涵的过程中，需要逐次厘清投资、投资主体、多元化和多元投资主体的基本范畴；以此为基础，才能进一步明晰多元投资主体的基本特征，为下文分析奠定基础。

1. 投资的概念范畴

从金融经济学的角度来看，投资是特定的经济主体为了得到一定的未来收益或者实现特定的预期目标，在某一特定时期内将一定的价值或者资本投入经济运动过程的行为。换句话说，投资是当前付出一定的价值而期望在未来获得更多价值的行为。由于投资者在当前支付价值而在未来获得增值部分，这个过程需要时间，由于现在支付的回报发生在未来且具有不确定性，投资具有时间和风险具有两个方面的基本特性。尽管投资者进行投资的具体动因存在不同，但其投资行为包含三个方面的基本诉求：一是获得收益，即现在的价值支付可以换取未来更多的价值流入；二是资本保值，即通过投资行为使得在未来某个特定的时点上，原有资本（金）的实际购买力不会遭受损失，这意味着投资的名义价值增长率应该趋于通货膨胀率；三是资本增值，即投资者通过投资行为，可以实现当前所支付价值在未来的超额回报，这意味着投资的名义价值增长率在扣除税收和通货膨胀影响之后为正。当我们抽象掉投资者和投资对象差异，具有这三种诉求的不同投资实质上存在着共同本质的经济行为，即投资者根据自身偏好在时间跨度上安排过去、现在和未来的价值使用结构，并实现该结构安排下的当期和跨期效用最大化。一旦我们将投资的本质理解为价值耗用的跨期安排，我们将能从更一般的意义上理解投资的内涵。这个角度要求我们把握当期价值耗用与未来价值耗用之间的跨时关系，这个关系决定后续投资行为的一般性条件，即跨时安排的总效用要大于等于当期的总效用，核心在于当期与将来价值耗用的权衡（Trade‒off）关系。

在这里，借鉴 Irving Fisher（1930）的标准双期微观经济框架，我们可以将投资的跨期权衡这个关键关系进行模型化。我们首先将投资主体一般化。假设投资者 i 的效用函数为 U_i 且具有严格凹的特征，即满足 $u'(c) > 0$，$u''(c) < 0$，其在第一期和第二期的价值耗用水平分别为 $c_t^i (t = 1, 2)$，β，$\beta \in (0, 1)$ 为投资者的时间偏好参数，其体现投资者获取未来价值增值的时间容忍程度，此时的投资者的效用函数可以表示为

$$U^i = u(c_1^i) + \beta u(c_2^i) \tag{3‒1}$$

令 π^i 代表 i 的投资产出，r 代表市场资金借贷利率，则价值耗用跨期安排的约束条件为

$$c_1^i + \frac{c_2^i}{1+r} = \pi_1^i + \frac{\pi_2^i}{1+r} \qquad\qquad (3-2)$$

在式（3-2）的约束下式（3-1）的最优化可以表示为

$$\max u(c_1^i) + \beta u\left[(1+r)(\pi_1^i - c_1^i) + \pi_2^i\right] \qquad\qquad (3-3)$$

最优化的一阶条件为

$$u'(c_1^i) = (1+r)\beta u'(c_2^i) \qquad\qquad (3-4)$$

其基本的含义是，当投资主体满足这个条件进而实现效用最大化的情况下，将不可能通过跨时投资工具选择来实现价值增益。若把该双期模型拓展至多期的情况，那么上述跨时投资决策分析框架将适用于任何类型的投资决策分析。

在上述分析框架中我们可以看到财富的时间偏好特征，即若潜在的投资项目能够提供正的回报水平，投资者将倾向于在现在和未来之间进行跨期安排，因此，潜在投资机会的回报率水平构成对投资者跨期安排的激励。一般来说，投资收益水平由实际无风险收益率、预期通货膨胀率和投资风险溢价这三个部分构成，其中前两部分收益之和可以视为正常的投资收益水平，具有相对的确定性；投资的风险溢价部分与具体的投资机会有关，其高低取决于投资机会的风险大小且与其具有正向关系。因此，投资的风险溢价是具有明显的个体属性的风险报酬率且具有内在的不确定性。投资机会的风险收益水平中的个体性和不确定性使得投资收益的确定具有投资者的行为属性，因此，不同投资者的异质性偏好成为影响投资机会把握、投资项目（工具）选择、投资策略实施等的重要因素。

2. 投资主体

投资主体意指展开投资活动的行为主体，是拥有一定资金实力、参与投资过程，分享投资收益的权利、责任和利益的统一体。投资主体身份形成于企业或项目初始投资过程，或者在企业或项目运作过程中通过证券市场交易取得。参与投资活动中的各投资主体，可以分为各类机构投资主体和自然人投资主体，即机构投资者和个人投资者。机构投资主体主要有政府机构、金融机构、企事业法人和各类基金，其主要是通过向企业（项目）进行初始投资，或者在其运作过程中通过产权交易取得被投资企业一定量的所有权，形成参股、控股或者实际控制人的投资主体地位，从而拥有对被投资企业的经营决策参与权、盈余要求权、剩余资产要求权等一系列权利。

政府机构作为投资主体，可以区分为中央政府机构作为投资主体和地方政府机构作为投资主体。中央政府机构作为投资主体，投资的重点通常是社会公用（益）事业、大型基础设施、大型基础工业、少数大型骨干企业、国防和航天等战略性产业；地方政府机构作为投资主体，投资的重点通常是区域性的公用（益）事业、区域性的基础设施和区域性科教文卫、社会福利事业等。政府机构作为投资主体时往往由能够代表政府的部门或者政府授权代表政府的部门来行使投资主体的权利，履行投资主体的义务。另外，当各级政府及政府机构出现资金剩余时，也可以利用证券市场完成资金余缺调剂，通过证券交易来实现国有资产的保值和增值；出于维护金融市场稳定的需要，政府还可以成立或授权相关部门通过证券市场交易，减少金融市场的非理性震荡。

金融机构作为投资主体主要是在法律许可的范围内，通过向企业（项目）的初始投资或者通过证券市场交易而形成。金融机构通常包括证券经营机构、银行业金融机构、保险经营机构、合格的境外机构投资者、信托投资公司、企业集团财务公司和金融租赁公司等。金融机构经营和风险管理的特殊性使得金融机构在开展业务时往往面临不同且较为严格的监管条件，各自通常在向企业（项目）出资和开展证券交易过程中在自身章程和监管机构许可的范围内进行。

企业和事业法人作为投资主体的监管条件较为宽松。企业是以盈利为目标、独立核算、自负盈亏的法人或非法人单位，通过自主经营获取收益，创造价值的同时服务社会。根据主体性质的不同，企业法人投资者又可以分为一般企业法人投资者和国有法人投资者，都以自我积累资金或者暂时闲置的资金对其他机构（项目）进行投资，实现参股、控股或者实际控制者的投资主体地位，也可以借助证券市场通过自营或委托专业机构进行股权交易以取得投资主体地位。相较于一般的企业，事业单位作为投资主体身份的监管条件要严格一些。事业单位是以政府职能和公益服务为宗旨的公益性单位或非公益性职能部门，主要从事科教文卫等活动，参与社会事务管理，履行一定的管理和服务职能，接受一定的财政补贴。因此，事业法人可以用自有资金和有权自行支配的预算外资金开展投资活动。

基金性质的机构投资者主要有证券投资基金、社保基金、企业年金和社会公益基金等。这些基金都有特定的资金募集渠道和资金使用方向，除企业年金外，其他基金机构的投资方向和投资范围的相关监管条件比较严格。实际中，多依托证券市场进行债券类和权益类证券投资，较少涉及针对初创企业的出资行为，对运作过程中的企业（项目）通过股权交易取得投资主体地位往往也有较严格的监管条件。

具有基金性质的机构中，还有三类较为特殊的投资主体，即私募股权投资（Private Equity，PE）基金、风险投资基金和政府创业投资引导基金。私募股权投资主要投资于非上市公司股权或者上市公司非公开交易股权的投资方式。私募股权投资通常以私募基金作为投资运作的载体，因此私募股权投资通常也称为私募股权投资基金。[①] 私募股权投资的广义含义涵盖企业首次公开发行前各个阶段的权益投资，即对处于种子期、初创期、发展期、扩展期和成熟期等各个时期的企业所进行的股权投资；私募股权投资的狭义含义不包括风险投资（Venture Capital，VC），主要是针对已经形成一定规模并产生稳定现金流的企业进行私募股权投资，因此也可以称为产业投资或者产业投资基金。通常的私募股权投资主要是较狭义的含义。私募股权投资主要是面向少数机构投资者或者个人投资者通过非公开的方式募集资金，投资方式也以非公开的方式进行权益性投资，绝少涉及债权投资；在投资退出以前，私募股权投资公司通常会派出专家介入被投资公司的日常经营过程，参与组建甚至主导被投资企业的董事会，制定

---

① 需要说明的是，私募股权投资基金与国内通常所说的私募基金有很大的区别。虽然两者同为私募性质的基金，但后者的私募只要是资金的募集方式为非公开募集，投资的对象依然是证券市场上的证券品种，其显然不同于私募股权投资基金。

企业发展策略规划，监控企业财务绩效以及参与处理企业的危机事件等。通过这些管理参与行为，私募股权投资可以大大提升被投资企业的经营管理水平，帮助企业克服不同发展阶段的困难而顺利发展。

风险投资也称为创业投资，是以风险投资基金作为投资运作的载体，投资人将风险资本投资于新兴的、具有高速成长潜力的、蕴藏巨大风险和收益的未上市高科技企业，并通过特定的退出获得收益的投资行为。经济合作和发展组织（Organization of Economic Cooperation & Development, OECD）的科技政策委员会（1996）在研究报告《风险投资与创新》中，将风险投资定义为"是一种向极具发展潜力的新建企业或中小企业提供股权资本的投资行为"。由此可以看出，VC是"以资本支持与经营管理服务培育和辅导企业创业和发展"，本质上是以权益资本投资于高风险、高收益且处于发展早期阶段的中小科技企业，最后通过各种形式的投资退出实现权益变现而获取高回报的投资方式。

政府创业投资引导基金是政府设立并按照市场化模式运作的政策性基金，政府引导基金本身并不直接从事创投业务，主要是针对创业企业展开扶持并引导社会资金进入创业企业。政府引导基金的主要运作模式有阶段参股、跟进投资、风险补助、融资担保和投资保障等。阶段参股模式是政府引导基金的主要运作模式。该模式下，政府引导基金通常与创业投资基金合作成立子基金，由子基金向创业企业展开股权投资，引导基金不介入子基金的日常经营管理，仅仅充当出资人的角色，通常不作为子基金的第一大股东身份出现。在这种模式下，引导基金事实上向新设立的创业投资企业进行股权投资，实现参股并根据协议约定实现权益变现退出。跟进投资主要是政府引导基金和创业投资基金共同投资于选定的初创期企业。风险补助强调的是政府引导基金对已经投资于初创企业的创投机构予以一定的政府资金补助，以抵补创投损失。投资保障是政府引导基金对创投机构选定的、具有投资潜力的创业企业以一定程度的资金资助，以补助创业企业的高新技术研发投入。

常见的最后一类投资主体是个人投资者，即以自然人身份作为出资人，利用个人合法财产对新设立企业进行投资，或者通过各种产权交易市场取得所投资企业一定比例的股权，实现参股、控股或者实际控制人的投资主体地位。个人投资者对企业进行各种形式投资的限制性条件相对较少。根据个人投资者与其所投资企业关系的不同，个人投资者可以被区分为社会个人投资者和企业内部职工投资者。

3. 多元投资主体

通过对投资和投资主体的分析，我们可以根据性质的不同区分出多种投资主体类型，如表 3 - 1 所示。

表 3 - 1　常见的投资主体类型

大类	类型	投资主体
机构投资主体	政府机构	中央政府机构、地方政府机构、中央和地方政府授权机构
	金融机构	证券经营机构、银行业金融机构、保险经营机构、合格的境外机构投资者、信托投资公司、企业集团财务公司、金融租赁公司
	企事业法人	事业法人，一般企业法人，国有企业法人
	各类基金	证券投资基金、社保基金、企业年金、社会公益基金
	特殊的基金	私募股权投资基金、风险投资基金、政府创业投资引导基金
个人投资主体	自然人	社会个人、企业职工

根据《现代汉语词典》的定义，多元化指的是任何在某种程度上相似但有所不同的人或事物的组合。因此，投资主体的多元化或者多元投资主体的基本含义是多种性质不同的投资主体通过各种形式、按照一定的比例共同向企业出资，按照投资比例共同持有企业股权的所有权结构。换句话说，多元投资主体是指企业不再由单一出资者投资，而由多种性质不同的投资主体共同拥有企业所有权的结构状态。

投资主体多元化存在两种基本的含义范畴，一是指在整个资本市场的投资者中，既有个人投资者也有机构投资者机构投资者中既有国内机构投资者也有境外机构投资者，这属于比较广义的概念范畴；二是指企业的投资主体多元化，即企业实现投资者类型的多元化，吸纳多方出资参股，并明晰企业产权结构，从而使得企业投资者的利益与企业经营成果紧密关联，拥有不同比例所有权的出资人与企业经营者相互制约，彼此监督，最大限度地整合企业资源，提高企业绩效；这属于比较狭义的概念范畴，也是本书所采用的概念。

（二）多元投资主体的特征

通过上述分析可以发现，多元投资主体的实现过程具有以下几个明显的特征。首先是复杂多样的出资人和所有权结构。多元投资主体意味着企业的出资人当中既有国内出资人也有国外出资人，既有国有出资人也有非国有出资人，既有机构出资人也有个人出资人等多种投资主体并存的格局，这种复杂的出资人格局及其关系塑造出复杂的所有权关系格局。其次是有效的监督和制约机制。在关于投资概念范畴的分析中已经明确，不同投资者的异质性偏好成为影响投资机会把握、投资项目（工具）选择、投资策略实施等的重要影响因素。不同类型的投资主体关于风险、收益、期限等偏好的不同，导致其对企业投资和经营存在异质性偏好，利益诉求的差异使得投资者对企业投资与经营不同方面的敏感性不同，一旦其敏感方面的实际情况和预期出现不一致，投资者就可能通过其拥有的表决权介入企业投资与经营决策过程，维护自身利益，从而形成不同投资者之间有效的彼此制约和监督机制，有助于企业绩效的改善。最后是不同的投资主体同时也是利益主体，逐利动机客观上强化其对信息的搜集，企业也因此成为不同信息聚合交汇的载体，这在客观上可以降低企业的信息成本，提高投资和经营管理的决策效率。

（三）企业投资主体多元化的基本效应

1. 资源配置的生产性效应

投资主体多元化对资源配置的作用表现为企业运行的过程中，拥有多余资产的潜在投资主体并不一定是最有能力和最有机会来展开效率最高的投资活动的行为主体，这意味着其拥有的资产在其部门内部得不到最有效的运用；企业通过投资主体多元化的实施，借助金融市场，将潜在的投资主体变为现实的投资主体，使得相应的资源从低效率的使用部门转移到效率更高的企业，从而使得社会经济资源得以更有效的配置或效率最高的使用用途，从而实现稀缺资源的合理配置与使用。相应地，资源配置的效应指向减少资源配置的各种约束，实现专业化效应。这种效应对于劳动者来讲，即体现为劳动分工效应；对于企业来讲，即体现为专业化的生产效应。不同的投资主体依据自身对于收益、风险和期限的偏好，将富余经济资源投入企业生产，在追求跨期收益的同时，客观上可以实现企业生产所使用的资源规模以及资源结构的调整，进而促成生产效率的改善。

2. 资源整合的创新驱动效应

资源整合是适配企业发展战略调整与变革的重要方式，也是企业转型发展过程中重要的日常经营管理工作内容。资源整合以资源配置得以优化为目标，即企业需要在特定的时期，对来源渠道不同、产出环节不同、配置结构不同和作用机制不同的各种资源进行识别与选择、激活与融合、调整与变革，使整体的资源使用结构更具柔性、条理性和系统性，从而推进企业价值提升的动态过程。这个过程中，企业投资的利益相关者之间，经由信息共享推动投资行为全过程的可视性，可视性正向推进投资过程的可控性，可控性的投资过程提高投资行为对产品市场的适应性，对产品市场的主动适应性在客观上带来企业产出技术创新的压力，推动技术、产品与市场之间的一致性。这个过程的实现又反过来提升创新要素的可得性，形成企业创新驱动的良性循环。投资主体多元化带来的资源整合提升创新驱动的基本逻辑在于，异质性的投资主体出于对自身利益的维护，具有异质性的不同投资主体在以投资行为为纽带的经营管理合作中，自外而内地向企业注入各种不同的信息资源、管理理念、知识与技术和人力资本等创新驱动要素交流融汇于企业的日常经营管理中，从而推动企业从要素驱动型的增长向创新驱动型增长转变。

3. 融资模式与公司治理的互动效应

一方面，现代企业的外源融资渠道有两种典型的方式，即权益融资和债务融资。不同的融资模式决定企业资本结构和权益结构的差别，形成股东、债权人、公司经营者和公司法人之间复杂交错的权利和利益关系不可避免地给公司治理带来影响。不同融资模式下的负债—权益比的调整以及权益集中度的变化直接影响所有者和债权人以及其他公司利益相关者在公司治理结构中的地位差异，这种差异使得公司决策权、控制权、监督权和索取权出现不同的分布和配置结构状态，从而形成治理结构的差异，这种差异的实质是公司治理主导力量以及治理目标诉求的调整。在理论上，最优化的融资模式产生代理成本最小的资本结构，从而也是最优化的治理结构。

另一方面，企业投资主体多元化是提升公司治理水平、增强企业市场竞争力的重要途径。单一资本结构的企业，很难做到自我约束，单一资本在逐利过程中，很可能过分关注利润最大化的目标，而忽视如企业社会责任等其他责任，这从根本上削弱了企业的市场竞争力。尤其是当单一的资本表现为国有资本时，企业发展中很难排除政府的干预，政府施加给企业过多的社会责任也会削弱企业利润最大化目标的实现。按照现代企业制度要求，将单一投资主体的企业通过各种形式和手段，改造为多元投资主体的企业，不仅有利于企业突破融资瓶颈、实现规模经济和范围经济，而且从根本上有助于解决企业经营权和所有权两权分离的问题，促使企业形成经营自主、盈亏自负、责任自担、自我约束的发展机制，推动企业经营理念更新，促进企业运营效率提升，从而在改善公司治理的同时提高企业的市场竞争力。由此我们可以看到，投资主体的多元化是建立高效的法人治理结构的重要基础条件，多元化投资主体的企业可以从根本上改变单一投资主体下事实上虚设的股东会、董事会和监事会，企业内部异质性的产权拥有人对自身利益的关注，使其可以充分发挥股东权利，积极参与决策并监督实施，促使企业投资、经营和管理过程摆脱"一言堂"的决策状态；由于不同产权拥有者有着共同的利益基础，在客观上存在完善企业法人治理结构的动机。由于公司治理在本质上是处置代理问题的制度安排，其通过对剩余索取权、盈余索取权和控制权的适当分配并以契约的形式进行规范，从而形成对公司价值创造活动的有力保障。多元化带来的公司治理水平的提高直接促成公司融资可得性的改善，从而对公司灵活地选择最优融资模式提供空间。

由此可以看出，企业投资主体多元化的重要结果，首先是权益结构的变化，其次是对负债—权益比的调整。实际中，企业投资主体多元化存在如一般股份制、合资、合作、联合经营、混合所有制以及 PE、VC 等特定投资方式下的股份制等多种形式，不同的多元化实现形式通常会产生不同的公司索取权、决策权、控制权和监督权的具体安排，这在影响公司治理水平的同时，也会对企业最优融资模式的选择产生影响；最终形成多元投资主体下公司治理改善和融资模式优化的双向互动效应。

二、企业投资运行机制的基本界定

（一）投资运行机制的内涵

企业投资运行系统是企业投资活动和投资管理行为与制度的总称。其中包括投资主体的确立及其行为方式，投资资金筹措的方式与途径，投资资金的使用方式，投资管理行为与过程、投资利益划分以及投资届满退出方式等一系列企业制度安排。企业投资运行机制是整个企业投资运行系统的核心和关键。投资运行机制主要是投资主体的资金筹措、使用以及投资过程管理的方式和方法，从这个角度来看，筹资管理和投资管理构成投资运行的关键环节。

投资运行机制是投资体制规定性的外在反映，投资体制决定投资运行机制，投资运行机制通过投资体制来发挥作用，因此，不同的投资体制产生不同的投资运行机制。从投资管理组织的情况看，投资体制主要包含三大要素：一是投资主体的决策层次与结构；二是投资运行机制；三是投资活动产生的相关经济主体之间的相互关系。投资主体的确定是投资体制的首要问题，它是投资活动中具有独立决策权的法人，是资金筹措与使用的责任、权利和利益的统一体；投资决策主体是投资运行体制的基础要素，投资主体属性表明投资运行机制的属性。投资主体的层次和结构决定投资运行机制的层次和结构，单一的投资主体产生投融资方式和方法的单一，多元化的投资主体必然带来投融资方式和方法的多样性；而且，多元化的投资主体使得投资活动所涉相关经济主体之间关系的更具复杂性，对投融资过程及其管理活动的效率产生重要影响。从这个角度来看，投资运行机制强调的是投资活动的运行及其规律性，其中涵盖投资资金筹措与投资活动形成、资金配置与实施、投资退出的运动过程，以及投资活动中各个组成部分在各个运动环节之间的相互联系与制约的经济关系。

（二）投资运行机制的特征

从企业投资运行机制研究的基本范畴出发，可以从投资主体、投资方式、投资约束和激励机制以及投资评价四个方面来剖析企业投资运行机制的特征。

1. 投资主体性质及其结构特征

从主体结构的角度来看，投资主体包括政府、企业和居民三大市场行为主体。在典型的市场经济体制中，政府作为投资主体的行为边界受到明显限制，民间主导主要的投资活动，企业法人和居民在投资主体中占据绝对的主体地位。在市场主导型的投资体制当中，投资主体身份的认定以其介入市场活动所必须具备的经济要素来确定。这意味着，作为投资主体，其一定具备以下四个方面的能力：一是拥有能自我积累且向其他经济体提供资金的能力；二是在投资决策方面拥有独立地位和能力；三是具有履行投资责任和承担投资风险的能力；四是具有占有和支配投资所得利益的地位和能力。在政府主导型的投资体制当中，政府作为投资主体，受产权公有关系的复杂性和模糊性，不可避免地存在主体定位模糊的问题。换句话说，在理论上存在较完备的产权主体但实际中存在现实的所有者缺位，主体责任缺乏具体的承担者，主体利益也缺乏有效维护者。在这种情况下，企业所有权和经营权分离带来的委托代理问题的解决变得更加复杂。

2. 投资的出资方式和管理方式的特征

在市场主导型的投资体制下，民间投资主体行为的基本原则是投资利益的最大化，自主筹措资金，自主决定投资规模，自行承担风险，这种机制使得投资决策、投资实施、投资风险和利益处置等投资的关键问题紧密结合，不同的出资人彼此合作、制约和监督，最终形成规范的投资者行为方式。在较发达的市场经济体中，政府作为投资主体的基本原则和民间投资主体的基本原则存在明显的不同。政府作为出资人，一般不以获利为动机，通常不介入市场竞争性领域的投资活动，政府的投资行为边界主要限于市场失灵的部门或者关系国计民生的重点行业或领域。由此，政府主体和民间主体的投资行为存在明确的边界，出资方式与产权关系较为规范和清晰。另外，从投资管理方式来看，一旦政府尤其是中央政府以唯一的投资主体身份出现，投资管理方式也将单一化为政府集权的投资管理方式，这是投资集权管理的极端。在这种情况下，投资所需资金由政府筹措，经由财政划拨，投资活动中所涉及的各个经济单位之间的经济关系弱化，指令性的行政调控逐步取得主导地位。目前，实行单纯的由政府作为唯一出资人的投资体制的经济体越来越少。与政府集权投资管理方式对应的是分散投资管理方式，这是投资市场化管理的极端。在这种管理方式下，政府放弃所有与投资有关的决策权而由民间主体掌握这些权利，这意味着民间主体的投资行为不仅决定自身的存续，也决定着整个经济体的发展趋势和方向。采用这种投资管理方式重要的经济学假定是，市场微观主体的经济行为目标和社会经济运行目标的一致性。而这个条件也正是完全由民间主体作为出资人分散投资管理方式的极大不足。处于上述两种极端投资管理方式之间的是混合型的投资管理方式，也是大多数经济体所采取的投资管理方式。在这种方式下，政府仅仅对关系国计民生的重大项目、重点行业或者存在市场失灵的行业领域进行投资，其他市场竞争性领域的投资决策权交给民间主体实施。这种投资管理方式的难点在于集权管理和分权管理边界的认定。

3. 有关投资约束和激励机制的问题

激励和约束强调的是激励与约束主体根据组织目标和经济主体的行为规律，以各种机制和方式，激发行为主体积极、主动、努力、创造等的动力，并规范其日常行为，使得经济主体的行为目标与意图尽可能与激励主体的愿望相一致。企业的投资激励和约束问题源于现在企业制度下的所有权和经营权两权分离问题。投资者作为拥有所有权的出资人，往往不直接参与企业的日常经营活动，而负责企业日常经营管理的职业经理人阶层通常也不是拥有企业所有权的出资人。因此，如何有效激励企业的经营管理人为所有者的利益行事，是现代公司治理中的关键问题之一。在两权分离的背景下，不同性质类型的企业，激励与约束主体有所不同。国有企业的激励与约束主体是代表国家行使所有权的国资委，股份制企业的激励与约束主体是拥有所有权的出资人，即股东；激励与约束的客体，也就是通过激励和约束，促使其最大限度地发挥积极性，并使其为所有者利益行事的行为人。投资活动的激励和约束机制的作用在于避免投资活动中的逆向选择和道德风险问题，以及投资管理中管理人的纯粹利己行为。为此，作为所有者的投资主体往往在一定的企业外部和内部环境条件下，对企业的日常经营管理者激励与约束。其中，企业的外部环境包括管理人市场的声誉机制，有关公司治理的法律、法规、行业规范等；企业的内部环境包括企业内部的组织结构与制度、所有权安排、人事安排等内部制度与行为规则。以内、外环境为基础，出资人和经营管理者通过聘任合同等委托—代理契约所建立起来的企业内部激励和约束机制即为显性的激励和约束机制，在契约之外，基于日常行为与事务的不确定性而赋予经营管理者的选择性和控制性权利，由此类授权而形成的激励即为隐性激励。通常，由于企业所有者与经营者签订的委托—代理契约是激励与约束机制有效实施的核心环节，因此，这类问题的分析通常在一定的假设条件下，借鉴委托—代理框架来进行处理。由于委托代理契约的核心内容是代理人的薪酬约定，这使得代理人绩效评价的原则、内容、方式、方法以及惩戒机制成为不可回避的重要分析内容。另外，从激励与约束的手段来看，比较明晰的产权制度环境决定投资激励和约束主要是市场的、经济性的激励机制和约束手段，即以民间主体为主的投资主体自主决策、自负盈亏的机制安排自然而然地构成对投资主体行为的激励和约束；而以政府为主的投资主体，其投资激励往往是非经济性的激励和约束方式，激励主要源自上级行政部门的肯定与职位升迁，约束主要来自指令、习俗等非经济手段。因此，不同的投资运行机制也隐含特定的企业激励与约束机制。

4. 投资评价问题

作为委托代理框架下的一个重要问题，投资绩效评价与投资体制有着密切的关系，由此产生了利益相关者①评价和利益无关者评价、内部评价与外部评价等的差别。一旦某项目投资与否的决策权，需要经过不属于直接投资利益主体的上级主管部门批准，这就意味着，从项目起始一直到项目终了的整个过程与结果评价，都属于利益无关者评价，因为投资的成功与否，非直接利益主体的决策者都无须担责，从而为寻租等腐败行为提供了温床。或者，虽然主管机构赋予企业自主的投资决策权，但决策者无须为投资风险承担主体责任时，尽管投资绩效与决策者利益的密切交织，使得优质投资项目确实可以产生决策激励，但由于决策者无须为投资决策承担责任，这很可能使得决策者过分倾向于高收益而忽视高风险的项目，结果就是使得投资决策与投资活动成为追逐私利的风险竞赛，这种评价机制依然属于利益无关者评价，其本质上属于投资决策活动的外部评价机制。相反，如果投资决策主体、监督主体和投资风险承担主体都属于与企业生存发展密切相关的各方，这意味着企业的股东、债权人、员工、客户、主管部门、媒体、社区等都成为企业投资决策的直接或间接的影响者，如果

---

①　利益相关者的研究可追溯至 Dodd（1932）；但其作为一个明确的理论概念出现，得益于 Stanford Research Institute（1963）的界定；随后，Eric Rhenman 和 Ansof 开创性的研究使其最终成为经济学领域中独具特色的、独立的理论分支；自 Freedman、Blair、Mithell 之后，利益相关者理论终于形成较完善的理论框架，且开始引起理论和实务界的关注。

投资决策与实施不符合其共同利益，极有可能影响企业后续的筹资、投资、产品供求、商誉等，进而从长远上影响企业的发展，从根本上损害投资者的利益。因此，投资决策者既拥有决策权，同时也是终极的风险承担者，其行为不可避免地受相关利益主体的监督，使决策必须在收益和风险之间权衡，在利润和成本之间权衡，从而促进资源的有效配置。这种评价机制属于利益相关者评价，其本质上属于投资决策活动的内部评价机制。客观有效的投资绩效评价机制构成管理者激励和约束机制设计的重要基础。

（三）投资运行机制的基本要素及其关系

根据上述关于投资运行机制内涵和特征的分析，投资运行机制是包括投资全过程的具体行为方式和组织管理形式。从性质区分的角度来看，投资运行机制的基本要素可以分为实体性要素和非实体性要素。实体性要素主要涉及多元的投资主体、投资机构、投资对象、各种金融中介机构；非实体性要素主要涉及投资主体的投资决策能力、投资机构的组织形式、投资对象的风险收益特征、资金市场等系统环境要素、投资机构管理者的管理能力等，其中涵盖投资主体的构成与特征、投资资金筹措、投资工具选择、投资方式选择、投资激励与约束机制、投资评价机制和投资退出等投资活动的整个流程环节，如图3-1所示。

在投资活动过程及其基本要素中，多元投资主体的影响，企业投资活动中涉及一些基本的关系。在投入及其前期阶段，多元化的投资主体在其利益诉求上的差别使得其对拟投资项目所关注的利益角度存在差别，比如一般股东、战略投资者和私募股权基金对潜在利益关注存在明显的不同。一方面，这种差别使得其考察一个潜在的投资项目是否值得投资时，所使用的评价标准出现差异，使得对项目未来成本与收益判断指标选择的不同，最终导致多元化投资主体下企业投资项目筛选与决策的差异；另一方面，不同投资主体在不同期限、关系维度和利益期望之间存在差异，比如，一些类型的投资者在乎企业（项目）的控制权，而另一些投资者可能

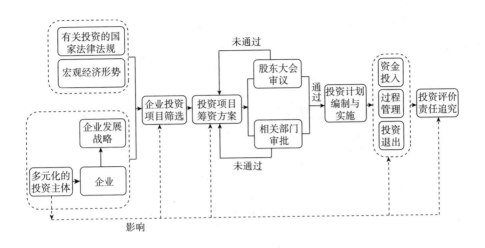

图 3-1　企业投资活动过程

更在乎未来的风险，这些差异会直接影响对融资安排的选择。在资金投入后的管理过程中，因所有权和经营权的两权分离，可能出现投资过程中实际上的内部人控制现象、逆向选择和道德风险等问题，这些问题都会损害投资主体的实际利益。这些问题的解决，实际上涉及不同投资主体之间的利益冲突协调，以及委托人对代理人的激励问题，核心是异质性投资主体之间的关系协调和委托人与代理人之间的关系协调。实际上，不同的投资主体所偏好的退出方式存在明显的差异，比如私募股权基金通常选择在所投资项目成熟后凭借市场产权交易实现退出，而战略投资者可能会通过协议转让股份实现退出等。多元化投资主体结构的不同往往对投资评价与投资责任追究机制产生影响。考察以政府为主要投资主体和以民间机构为主要投资主体的企业，可以看出，前者的投资评价和责任追究机制往往会向利益无关者评价和外部评价倾斜，而后者会向利益相关者评价和内部评价机制倾斜。通过上述分析可以看出，在整个的企业投资运行过程中，多元化的投资主体以及投资主体结构对投资投入、投资过程管理、投资退出、投资绩效评价以及责任追究产生明显的影响。下面我们将结合我国煤炭企业投资运行的实际情况，从投入机制、管理与激励机制、退出机制的角度，来分析多元化投资主体对煤炭企业投资运行的具体影响，尝试给出具有现实意义的结论。

三、我国煤炭企业投资运行现状及其存在的问题

（一）主要的煤炭企业及其所有权结构现状

1. 我国煤炭行业与煤炭企业发展的基本态势

煤炭是我国最重要的基础性能源和工业原料，煤炭产业一直是我国重要的基础产业，煤炭在一次能源消费结构中的比重长期维持在70%左右，发电行业80%的能源、化工行业70%的能源和民用制造业60%的能源都来自于煤炭，煤炭产业的发展无疑事关我国能源安全。煤炭行业是产业链较长且和其他产业关联度很高的行业，煤炭行业的下游产业包括电力行业、煤化工行业、钢铁业等金属冶炼行业、建筑材料生产行业、电石生产行业、其他化工行业以及生活用煤等。从我国对煤炭的消费形式看，直接消费的煤炭在煤炭消费总量中的比重不足1/3，2/3以上的煤炭是经由加工环节转化为二次能源进入最终消费领域，比如煤炭能源向电力能源的转化。随着我国经济的不断发展，煤炭消费量也不断攀升，目前我国的煤炭消费量已经达到世界煤炭消费量的近40%，图3-2呈现了2006~2015年我国煤炭消费的总体情况。

总体来看，各个行业对煤炭消费在总煤炭消费中的比重保持稳定，当前的煤炭消费主要集中于发电、钢铁、油气加工、水泥和化工原料行业。作为我国工业化进程中的基础性能源，煤炭产业的发展对国民经济的发展具有举足轻重的作用。但是，2008年后我国宏观经济增长速度开始进入较低的增长区间，图3-3反映了我国1978~2008年的煤炭消费量和实际GDP增长情况。从中可以看出，在我国GDP快速增长的过程中，煤炭消费量也快速增长。

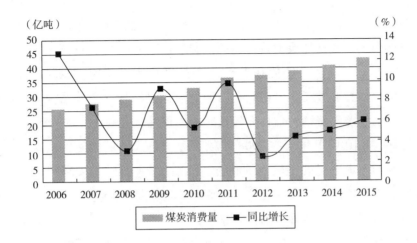

图 3 - 2　2006～2015 年中国煤炭消费量及其同比增速

资料来源：根据中国煤炭运销协会、中经网整理。

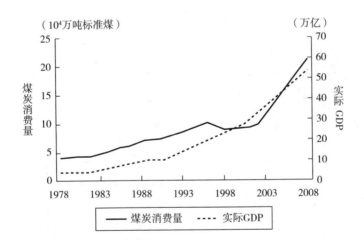

图 3 - 3　我国实际 GDP 增长和煤炭消费量的比较

资料来源：根据历年《中国统计年鉴》加工整理。

　　尽管近年来国内和国际社会在替代性能源开发方面着力不少，风能、太阳能和潮汐能源等新能源发展战略进步迅速，单位 GDP 的煤炭消费量不断降低，但由于历史和现实因素，我国对煤炭能源的依赖性仍会长期存在。根据中国储能网新闻中心（2015）统计，截至 2014 年，在一次能源的消费结构中，我国煤炭消费占能源消费的比重为 66%，远高于美国、欧盟的 19.7%、16.7%；即使和世界 30% 的平均水平相比，我国的煤炭—能源消费比依然非常高。考虑到我国的能源储量结构、产业结构和社会传统，我国的能源消费结构估计在较长时期内很难有大变化。

另外，我国 GDP 增长在 2008 年以后逐步进入新的区间，但这个阶段中，煤炭产出水平仍处于较高的状态，如图 3－4 所示，煤炭产量与宏观经济发展出现背离。在我国经济结构调整、产业结构调整和能源消费结构调整以及全球低碳发展诉求的大背景下，生产生活条件正在发生变化，技术进步和管理水平的提高推动单位产出中煤炭资源消耗的不断下降，这在很大程度上改变着煤炭企业发展的内部和外部环境，导致煤炭产业发展承压。图 3－5 呈现了 2011～2015 年我国煤炭产业的景气情况及预警指数。

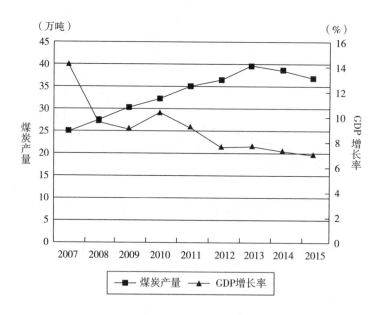

图 3－4　我国宏观经济增长与煤炭产量的比较

资料来源：根据中国煤炭网相关数据加工整理。

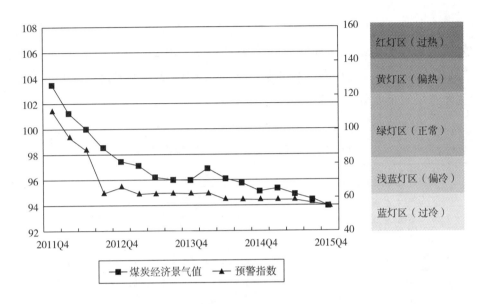

图 3 – 5　中国煤炭产业景气情况及预警指数

资料来源:《中国煤炭产业经济景气报告 (2015)》、中国煤炭网。

　　从煤炭资源总体储量和结构看，由于"十一五"期间我国在煤炭资源勘查方面的投入力度加大，中央、地方政府和企业分别加大煤炭地质勘查投入，内蒙古、新疆、河南、贵州、山西、山东、辽宁和云南等省（区）陆续发现了大型煤田，全国煤炭保有查明资源储量增加。根据国土资源部的数据，截至 2014 年底，我国查明煤炭储量 1.53 万亿吨，煤炭资源分布面积达 60 万平方公里。根据我国煤炭资源集聚和存储格局，"以天山—阴山造山带、昆仑山—秦岭—大别山纬向造山带和贺兰山—龙门山经向造山带为界，将中国划分为东北、华北、华南、西北和滇藏五大富煤区。在此基础上，根据大兴安岭—太行山—雪峰山断裂带将东部三个富煤区划分为六个亚富煤区，即二连—海拉尔富煤亚区和东北三省亚区，黄淮海和晋陕蒙宁亚区，华南和西南亚区"[①]。

---

　　① 中国产业信息网.中国煤炭资源储量分布及发展情况［EB/OL］. http：//www. chyxx. com/industry/201511/362744. html.

可以看出，我国煤炭资源储量分布主要在西部和北部地区，而经济较发达的东部和南部沿海地区煤炭需求量较高，由此奠定了我国煤炭行业"西煤东运"和"北煤南运"的基本格局。表3-2呈现了我国主要的煤炭基地和煤炭企业分布关系。

表3-2　我国主要的煤炭基地和煤炭企业

煤炭基地	主要煤炭企业
神东基地	中国神华
陕北基地	中煤集团、神华集团、兖矿集团、陕煤集团
晋北基地	大同集团、中煤能源
晋中基地	山西焦煤集团、西山煤电、汾西矿业集团、霍州煤电集团
晋东基地	潞安环能、晋煤蓝焰（拟）、国阳新能、兰花科创
冀中基地	金牛能源、开滦股份
河南基地	平煤天安、郑州煤电、神火股份
鲁西基地	兖州煤业
两淮基地	国投新集、恒源煤电、淮北矿业、淮南矿业、皖北煤电
蒙东基地	中国神华、露天煤业、龙煤集团
云贵基地	盘江股份
黄陇基地	陕煤集团
宁东基地	中国神华

资料来源：《中国煤炭行业研究报告（2015）》，中国产业信息网。

根据国家统计局公布的全国经济数据和国家煤炭工业网整理的数据显示，到2013年底，全国煤炭行业（包括煤炭开采行业以及煤炭洗选行业）的企业法人总数达到1.9万个，煤炭行业从业人员数量达到611.3万人；所有煤炭企业法人资产总计5.7万亿元，其中，规模以上煤炭企业法人资产占煤炭企业法人总资产的比重为12.3%；神华集团、山西焦煤集团、冀中能源集团、山东能源集团、晋能集团、河南能源化工集团、大同煤矿集团、山西潞安矿业集团、山西晋城无烟煤矿业集团、阳泉煤业集团和开滦股份等11家中国煤炭企业入围2014年世界500强企业名录，如表3-3所示。其中，中国神华以 598.23 亿美元的营业收入，高居排行榜第 165 位①。截至 2015 年底，煤炭行业在沪深两市上市公司总数达到 38 家。

表 3 - 3　2014 年中国煤炭企业百强前 10 位　　　　单位：万元

排名	企业	营业收入
1	神华集团	36781691
2	山西焦煤集团	23608769
3	冀中能源集团	22990319
4	山东能源集团	22972301
5	晋能集团	22801762
6	河南能源化工集团	21987835
7	大同煤矿集团	19928050
8	山西潞安矿业集团	19879287
9	山西晋城无烟煤矿业集团	19259494
10	阳泉煤业集团	19179052

资料来源：中国煤炭工业协会. 2014 年中国煤炭企业 100 强分析报告［EB/OL］. 中国煤炭工业网.

　　总体来看，从我国当前的经济形势出发，我国煤炭行业呈现出以下明显的特点。一是行业地位重要。煤炭是我国经济发展最重要的基础性能源，受我国经济结构、资源状况以及产业结构的限制，尽管单位产出的煤炭消耗会有所下降，但在未来较长的时间里，煤炭作为我国能源主体的地位不会有大的改变，这使得煤炭产业的兴衰不仅事关煤炭产地的经济社会发展，更是关系我国国计民生和能源安全的大事，煤炭企业的健康发展也成为当然的关注焦点。二是企业规模较大，产能较大。根据 2014 年中国煤炭企业百强名单，中国神华集团以 3678.2 亿元的营业收入高居榜单之首，即使是第 10 位的阳泉煤业集团，其营业收入也达到 1917.9 亿元。

_____

① 《财富》世界企业 500 强排行榜（2014）。

2014 年，全国煤炭百强企业继续调整了煤炭产能水平，煤炭百强企业在
2014 年的煤炭产量合计达到约 30 亿吨，占全国所有煤炭企业总产量的
80% 以上，以煤炭产量计算，出现 8 家亿吨级、17 家 5000 万吨级、52 家
千万吨级以上的煤炭生产企业①。三是行业资源控制力强。在国家相关政
策的支持下，经过煤炭企业之间的并购重组，煤炭行业的资源集中度提
高，煤炭企业资本结构日益复杂，沿产业链煤炭企业多元化经营特征明
显，资本市场已经成为煤炭企业不断拓展产业价值链的重要手段。四是资
源开发、利用的管理和应用技术手段不断提升，煤炭产业基础设施不断得
以改善。

2. 煤炭企业所有权结构的现状

我国煤炭企业的组织形式和管理体制源自改革开放前的计划经济体
制。改革开放以后，虽然经历了一系列近乎于大刀阔斧的改革，但是，国
有煤炭企业依然占据绝对的主导地位。在改革过程中，在各级政府的干预
和影响下，各地的煤炭企业经过整合形成公司制的矿业（集团）公司，但
这些公司并未从根本上建立起现代公司治理结构。从生产组织的角度来
看，煤炭行业的国有企业组织和管理架构依然没有从根本上摆脱政府行政
干预，工厂制而非现代公司制仍是煤炭企业组织框架的主体结构。在这种
工厂制的组织和管理模式下，矿业（集团）公司作为基本的核算单位接受
和承担相应的煤炭生产任务，然后对细分的矿井等下属核算子单位进行任
务下达并实施监督管理，处于基层的矿井等相对独立的核算单位根据矿业
（集团）公司下达的任务组织生产并据此进行考核。从管理体制的角度来
看，由于煤炭产业自身的特点比如资源分布、产出的规模经济特征、自然
条件、供需空间结构等，使得当前煤炭企业管理的主流模式是矿业（集
团）公司董事长（矿长）负责制，同时，辅之以党委和工会等机构，共同
构成煤炭企业管理体制的基本框架和内容。这种管理模式在本质上属于集

---

① 中国煤炭工业协会.2014 中国煤炭企业 100 强分析报告［EB/OL］.中国煤炭工业网，ht-tp：//www.chinacoal.gov.cn.

团公司集中领导下的分权管理结构。其分权属于横向分权，即在矿业（集团）公司董事长（矿长）负责制下，董事长（矿长）对煤炭企业日常经营管理实施全面指挥并承担领导责任，其在矿业（集团）公司的管理架构中处于核心的地位，通常以矿业（集团）公司法人代表的身份出现；矿业（集团）公司的党委主要负责公司的思政教育和文化建设工作，同时负责矿业（集团）公司其他干部的培养、选拔、聘用工作，以确保党和国家各项政策的贯彻落实和单位生产任务的完成，并对公司日常管理中的各项决策及其实施进行监督；工会和职工代表大会是职工监督和参与矿业（集团）公司管理的民主形式。

从煤炭资源资产的产权归属来看，在我国当前的资源管理制度下，煤炭企业煤炭资源资产的产权属于国有产权，因此，煤炭企业改组、并购等产权结构变动的实质是产权分布的改变和经营管理权的变更，而非产权最终归属的改变。国有产权形态的抽象性使得国家在行使权属主体权利和承担义务与责任时，必然采取委托—代理的管理模式。首先，根据相关法律法规，国资委等部门代表国家行使产权主体的权利；其次，国资委等部门授权委托各级投资主管部门代行部分管理权限，各级投资主管部门再在相应的权限范围内委托企业代行管理权限；最后，由企业在相应的权限范围内选聘职业经理人来负责日常经营管理的具体业务活动。在这一连串的委托—代理关系中，除国家外，各个层级上的委托主体和代理主体实质上都只是代理人，因此形成复杂的委托—代理关系。更重要的是，在国有煤炭企业当前的多层委托—代理关系下，由于缺乏有效监督与约束机制，日常经营管理行为与国有资产权属主体之间缺乏直接联系，受托人对资产投资运作效率的淡漠，导致其可能尽力追逐私利而无视委托人的利益。更有甚者，不同层级的委托人可能会选择与实际的资产代理人合谋，以谋取私利，导致委托—代理各环节寻租现象的发生。一旦不能赋予实际代理人以剩余索取权，那么代理人就缺乏应有的行为动力和企业家精神；倘若代理人通过寻租获取的租金超过代理收益，国有煤炭企业管理的紊乱和绩效低下将不可避免。从这个角度来看，投资主体的多元化在一定程度上可以缓解国有煤炭企业复杂的委托—代理关系所带来的问题。遗憾的是，当前国有煤炭企业投资主体的多元化，在主体属性的广度和深度①方面的制度安排仍需进一步深入展开，以在委托人和代理人之间建立起有效的激励和约束机制。

以目前在沪深两市上市的国有煤炭企业为例，表3-4呈现了其股权结构状态。可以看出，目前的38家煤炭企业中，国有煤炭企业32家，占比超过84%，处于绝对的主体地位。在所有的国有煤炭企业中，第一大股东全部为国有法人且其平均持股比例达到52.2%，如果除去国有法人股比重极低的山西焦化（14.22%）和神火股份（23.24%），国有法人作为第一大股东持股比例几乎处于一股独大的地位；其中有19家公司的国有法人处于绝对控股地位。从第二大股东的情况来看，上市国有煤炭企业中，第二大股东平均持股比例为8.8%，且有15家公司的第二大股东依然为国有法人。以"其他"出现的第二大股东，主要是国内的证券投资基金持股、国内非国有法人持股和自然人持股。由此可见，目前国内上市国有煤炭企业虽然也力图实现投资主体的多元化，引进国内一般法人、自然人、境外法人等不同性质的投资主体，但其持股比例依然很低，无法有效地参与公司日常的经营管理活动，基本上无法对公司决策与管理形成有效的监督与制约。

（二）主要煤炭企业投资运行现状与存在的问题

20世纪90年代后，我国国有企业改革不断深入发展。在这个过程中，原有的国有独资企业开始引入非国有资本，并尝试在实现投资主体多元化的基础上逐步建立现代企业制度。国有企业改革发展的历程证明了多元主体下具有较完善的现代公司治理机制的企业确实有助于调动员工积极性，并有助于实现国有资本的保值增值，不断提升国有资产的投资绩效。以此为背景，在《关于全面深化改革若干重大问题的决定》中正式提出，允许

---

① 需要说明的是，这里所强调的投资主体属性的广度指的是投资主体性质类型的多样性；而投资主体属性的深度指的是某种性质的投资主体在所有投资主体中的地位和影响力。

表3-4　我国主要上市国有煤炭公司股权结构

单位:%

序号	股票代码	公司简称	第一大股东		第二大股东	
			股东性质	持股比例	股东性质	持股比例
1	601088	中国神华	国有法人	73.01	境外法人	17.05
2	002128	露天煤业	国有法人	69.40	国有法人	7.92
3	600121	郑州煤电	国有法人	63.83	其他	6.82
4	601225	陕西煤业	国有法人	63.13	国有法人	8.89
5	601699	潞安环能	国有法人	62.67	国有法人	1.33
6	600508	上海能源	国有法人	62.43	国有法人	0.77
7	601101	昊华能源	国有法人	62.30	国有法人	1.86
8	000780	平庄能源	国有法人	61.42	其他	1.77
9	601001	大同煤业	国有法人	60.48	国有法人	1.59
10	600971	恒源煤电	国有法人	59.96	其他	2.05
11	600792	云煤能源	国有法人	59.19	国有法人	13.39
12	600403	大有能源	国有法人	59.08	其他	4.82
13	600348	阳泉煤业	国有法人	58.34	其他	0.56
14	600546	山煤国际	国有法人	57.43	其他	4.91
15	601898	中煤能源	国有法人	57.36	境外法人	29.77
16	600997	开滦股份	国有法人	56.73	国有法人	1.61
17	601666	平煤股份	国有法人	56.12	其他	0.8
18	000983	西山煤电	国有法人	54.40	国有法人	1.35
19	600188	兖州煤业	国有法人	52.86	境外法人	39.63
20	600179	黑化股份	国有法人	49.95	境内自然人	0.99
21	600968	煤气化	国有法人	49.45	境内自然人	1.86
22	600721	百花村	国有法人	48.78	国有法人	7.85
23	600552	靖远煤电	国有法人	47.11	其他	0.51
24	600123	兰花科创	国有法人	45.11	其他	0.87
25	600714	金瑞矿业	国有法人	44.79	国有法人	15.34
26	600397	安源煤业	国有法人	43.74	其他	18.57
27	601918	国投新集	国有法人	42.36	国有法人	13.71
28	600157	永泰能源	国有法人	40.38	其他	5.84
29	000937	冀中能源	国有法人	36.45	国有法人	19.86
30	600395	盘江股份	国有法人	34.48	国有法人	24.19
31	000933	神火股份	国有法人	23.24	其他	13.74
32	600740	山西焦化	国有法人	14.22	国有法人	11.5

资料来源:根据Wind资讯数据加工整理,相关数据截至2013年底。

更多的国有企业吸纳非国有资本发展混合所有制经济。随后，国内私人资本、非国有法人资本、各种机构资本、境外法人资本、境外机构资本开始进入国有企业，国有企业投资主体的多元化取得初步成效。根据中国产业研究院发布的《中国煤炭行业和煤炭企业财务分析报告（2014）》，按照所有制类型划分，我国所有的煤炭企业所有者类型涵盖国有煤炭企业、集体所有制煤炭企业、股份公司制煤炭企业、股份合作制煤炭企业、私营煤炭企业、外商投资煤炭企业以及其他所有制类型的煤炭企业。但是，在所有的所有制类型的煤炭企业当中，国有性质的煤炭企业占据绝对的主导地位，其资产总额超过全部煤炭企业资产总额的 2/3 以上；非国有的其他所有制类型尤其是股份公司、股份合作公司、外商投资公司等形式的公司资产总额尚不到煤炭行业资产总额的 20%，其他所有制类型的煤炭企业依然处于附属或者说无关紧要的地位。

根据中国煤炭百强企业分析报告（中国煤炭工业协会，2014），煤炭企业百强的投资与经营规模已经由过去的高速增长态势转变为低速增长，整个煤炭产业的产业结构较前几年有所优化，表现为煤炭企业非煤产业收入在总营业收入中的比重不断扩大。经过企业之间的并购、重组与引进非国有资本，2014 年，煤炭百强企业的资产总规模和营业收入水平继续扩大，但增速有不同程度的下降。资产总规模达到 5.7 万亿元，增速由过去的 27% 多下降到 12.8%；营业收入达到 4.2 万亿元，增速由过去 10 年均值的 33.5% 降低至 10% 左右。在煤炭产业发展整体承压的局面下，煤炭企业经过产业结构调整，引进多元投资主体，多渠道募集资金、多元化投资与经营，最终实现煤炭企业非煤产业规模的快速发展。到 2014 年，煤炭百强企业的非煤总收入达到 2.5 万亿元，比 2013 年同期增长近 20%，在煤炭百强企业的总营业收入中占比达到 60% 左右。表 3－5 呈现了我国煤炭百强企业前 20 位煤炭企业的主要产品和服务领域情况。可以看出，我国主要煤炭企业在投资主体多元化过程中的投资和经营的多元化发展情况。从产出规模上看，我国煤炭百强企业在 2014 年共实现煤炭产量 30 多亿吨，占全国煤炭总产量的 80% 以上，同时形成亿吨级产能的企业 8 家，超5000万吨级的企业17家，超千万吨级的企业52家。这些煤炭百强企业中，共有25家企业在2013~2014年进行了并购、重组活动，39家企业拥有52家上市公司。需要强调的是，煤炭百强企业上述成绩的取得，正是通过并购、重组，通过资本市场发行股票、债权融资、引进多种性质的投资主体，实施投资主体和股权性质多元化，进行股份制改革，深化产权制度改革，建立和完善现代公司治理，不断提升煤炭企业市场化管理的过程。

表3-5　中国煤炭企业前20强概况　　　　单位：万元

排名	企业名称	地区	主要产品或服务	营业收入
1	神华集团有限公司	北京	煤炭、电力、航运、铁路、煤化工	36781691
2	山西焦煤集团公司	山西	煤炭、焦化、贸易、建筑建材、电力	23608769
3	冀中能源集团有限公司	河北	煤炭、制药、航空、机械制造、物流	22990319
4	山东能源集团公司	山东	煤炭、物流、化工、机械制造、医疗器械	22972301
5	晋能有限公司	山西	煤炭、物流	22801762
6	河南能源化工集团有限公司	河南	煤炭、化工、冶金、机械制造、物流	21987835
7	大同煤矿集团有限责任公司	山西	煤炭、电力、煤化工、冶金、机械制造	19928050
8	山西潞安矿业有限公司	山西	煤炭、化工、电力	19879287
9	山西晋城无烟煤矿业集团	山西	煤炭、化工、煤层气、机械制造、电力	19259494
10	阳泉煤业（集团）有限公司	山西	煤炭、煤化工、铝业、电力、建筑房地产、机械制造	19179052
11	开滦（集团）有限公司	河北	物流、煤炭、焦化、建材、建筑施工	19098788
12	陕西煤业化工集团	陕西	煤炭、煤化工、钢铁、电力、铁路投资	15077824
13	中国平煤神马能源化工集团	河南	煤炭、焦炭、尼龙66盐、尼龙67切片、树脂	14008232
14	山西煤炭进出口集团有限公司	山西	煤炭、高铁轮对制造、房地产、化工	12726860

排名	企业名称	地区	主要产品或服务	营业收入
15	中国中煤能源集团有限公司	北京	煤炭、物流、煤机制造、煤化工、电力	10747952
16	兖矿集团有限公司	山东	煤炭、煤化工、铝锭、机械制造、电力	10133163
17	淮南矿业集团有限公司	安徽	煤炭、电力、房地产、金融、物流	7125232
18	淮北矿业（集团）有限公司	安徽	煤炭、煤化工、建筑安装、电力、物流	6009133
19	黑龙江龙煤矿业控股集团	黑龙江	煤炭、焦炭、医疗、工程劳务、电力	3868351
20	安徽省皖北煤电集团	安徽	煤炭、化工、物流、建材	3816730

资料来源：中国煤炭工业协会，《中国煤炭百强企业分析报告（2014）》。

我国所有的煤炭企业中，以上市煤炭企业为例，如表 3 - 4 所示，38 家煤炭企业中，国有煤炭企业占比超过 84%，处于绝对的主体地位；即使将国有法人股比重极低的山西焦化（14.22%）和神火股份（23.24%）考虑在内，国有煤炭企业的第一大股东——国有法人平均持股比例仍然达到 52.2%；其中有 19 家公司的国有法人处于绝对控股地位。即使是平均持股比例仅为 8.8% 的上市国有煤炭企业的第二大股东，仍有 15 家公司的第二大股东依然为国有法人。由此可见，目前国内上市国有煤炭企业虽然也力图实现投资主体的多元化，引进了国内一般法人、自然人、境外法人等不同性质的投资主体，但其持股比例依然很低，无法有效地参与公司日常的经营管理活动，基本上无法对公司决策与管理形成有效的监督与制约。从上市煤炭企业的股权集中度来看，如表 3 - 5 所示。考虑到 2013 ~ 2015 年我国煤炭产业发展承压，煤炭企业总产量下行，必然会影响煤炭企业股权持有意愿，考虑到我国改革开放以来煤炭产业产出不断提升的总体趋势，为弱化短期内的不利影响，故选取 2008 ~ 2012 年这 5 年的数据进行计算。

2008 ~ 2012 年，对我国上市煤炭企业股权属性进行考察发现，煤炭行业上市企业的股本总额都比较大，到 2012 年底，即使是股本总额最小的云煤能源,其总股数也达到了 1.3 亿股;股本总额最大的神华集团,总股数达到 198 亿股。2008~2012 年,经过公司间的并购、重组等,国家直接控股的煤炭企业数量有所减少,但并未从根本上改变当前的格局。表3-6进一步呈现了我国煤炭企业投资主体多元化过程。从总体上看,以上市煤炭企业为代表,煤炭行业中国有股一股独大的格局,虽然提升了能源领域国家的话语权,有力地保障了国家能源安全,通过降低国有资本比例,引进非国有资本,实现投资主体的多元化,在建立和完善现代公司治理机制,提升国有资本保值增值能力等方面做出了贡献,但是当前煤炭业国有股权一股独大的格局,也对煤炭企业的现代法人治理机制、投融资决策机制以及激励和约束机制产生直接的消极影响。从总体上看,煤炭企业投资运行机制中问题的形成,主要源自于以下两个基本方面。

表 3-6　2008~2012 年我国上市煤炭企业股权集中度

股权集中度指标	2008 年	2009 年	2010 年	2011 年	2012 年
本样个数（家）	37	37	38	39	39
CR_1（%）	45.05	45.34	46.47	47.77	47.11
CR_{10}（%）	61.12	61.16	61.70	62.75	62.69
S 指数（%）	16.07	15.83	15.23	14.99	15.57
Z_2	21.32	28.83	29.02	24.02	24.27
Z_{10}	5.81	6.66	7.03	6.67	6.41

注:CR 指前 × 大股东持股比例;S 指数指第二大股东到第十大股东持股比例和;Z 指第一大股东持股比例与从第二到第 × 大股东持股比例和的比值。

资料来源:根据 Wind 资讯相关数据加工整理。

一是具有中国特色的企业基础导致的企业运行机制不畅。当前,鉴于煤炭产业发展事关我国能源安全和国民经济发展,我国煤炭产业领域的市场化程度尚有待进一步深化。煤炭产业市场化快速发展的过程中,市场有效调节产业发展的机制尚未有效建立,行政意图等非市场化因素影响明显，表现出"中国特色"。具体来说，当前我国的煤炭产业以国有为主，其他所有制为辅，我国煤炭产业的这种企业基础和发达经济体的市场结构存在显著不同。阎庆民（2001）的研究指出，我国国有煤炭企业存在预算软约束、盲目生产和重复投资等典型问题。考虑到我国煤炭企业担负着具有一定程度矛盾和冲突的社会责任和经济效益双重任务，国有煤炭企业投资行为及其过程存在很高的矛盾和冲突。从经济效益任务来看，国有资本可以通过拥有的资源资产优势地位和在国家产业结构中的地位获得超额利润，这会压缩消费者剩余而有损社会公平；从社会责任角度来看，社会责任的履行、担负公共责任却使得企业在违背经济规律的情况下继续扩张投资；这些问题和我国在财政体制与地方官员考核制度等方面存在的问题相互叠加，使得煤炭企业投资行为在一定程度上存在盲目性。江飞涛（2009）指出，地方政府对企业经济行为干预失当，这通过内部成本的外部化、投资补贴等方式，直接扭曲企业投资行为，带来煤炭企业过度投资、产能过剩和行业内的重复建设问题。

二是煤炭产业发展中的地方—企业同盟。由于煤炭产业是我国基础性能源行业，尽管煤炭产业的投资推动因素中有其他相关产业发展的影响，但最近几年煤炭行业资本的大量涌入，地方政府的影响力不可忽视。在我国煤炭产业的当前格局中，煤炭企业的投资受到地方政府的直接约束，这种约束主要通过对煤炭企业投资项目的审批来实现。这意味着，煤炭企业投资行为的选择同时考虑市场最优和所属地方政府利益最优。尽管从市场化的思维出发，煤炭企业投资的大规模扩张，有煤炭行业准入门槛低、投资利润率高、融资可得性强等因素导致煤炭产能过剩的理由，但是分析我国煤炭企业投资与地方投资的关系可以发现两者之间的某种暗合，如图3-6所示。当前地方政府官员考核和晋升体制使得地方政府在煤炭产业投资上有意无意地执行的宽松甚至运用推动的措施，既反映了地方政府在产业发展中的不作为和急功近利，也直接导致产业发展和企业运行机制的不畅。这些方面的问题使得我国煤炭企业的投资运行机制具有个性化的特征。

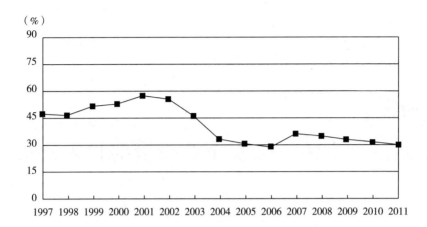

图 3 - 6　地方投资在煤炭行业固定资产投资中的比重

资料来源：根据历年《中国煤炭产业统计年鉴》加工整理。

第四章

多元投资主体下煤炭企业投资的投入决策

　　本章将基于前述章节中有关我国煤炭企业投资主体多元化的事实及其特征，来探讨投资主体多元化对煤炭企业融资决策的影响，其中包括多元投资主体性质不同对融资形式和投资决策机制的影响，进而考虑煤炭企业潜在投资项目特征，来探讨多元投资主体下煤炭企业投资策略的选择。

一、投资主体多元化与融资决策

　　基于前面章节的论述，我们认为，企业投融资决策问题是国家投资管理制度和企业内部投资管理制度的统一。换句话说，企业的投融资行为实质上是在国家投资管理制度安排下所形成的企业投融资行为以及内部管控机制的总和。为突出研究对象及便于分析，我们从竞争性市场对微观经济主体的要求、作用以及影响的角度出发，对企业投融资机制与行为的考察主要基于竞争性的市场环境来展开，而暂不论及国家投资管理制度变化所带来的影响。

（一）投资主体性质与融资形式

20世纪70年代以后，信息经济学、博弈论、契约理论等经济学方法和公司财务理论的结合与应用，推动了公司金融理论与实践的快速发展。基于市场信息非完美非对称假设，以及企业委托—代理框架下的契约非完备问题，催生大量有关企业投融资行为理论与实践方面的研究成果。目前，对企业投融资决策与行为的研究早已经不再局限于对企业最佳资本结构存在性的判断及其实现性的最优行为选择问题，相关的研究已经拓展至企业资本结构或者说融资结构的选择及其结果是否影响企业的投资行为，怎样影响企业的投资行为，以及如何恰当地设计内部治理机制以适配企业资本结构从而优化企业投资行为等问题。相关的研究文献揭示了这样一个重要问题，即融资形式以及融资结构与企业投资行为之间存在某种密切联系，进一步地，企业对潜在的或拟投资项目所进行的融资选择，不可避免地受公司当前融资结构的影响。在公司当前的融资结构中，作为企业所有权代表的投资主体的结构特征及其价值取向会导致对新项目的融资结构选择的干预。

按照划分标准的不同，企业常见的融资方式可以区分为不同的类型，如表4-1所示。通常，企业的融资方式可以按照资金来源、资金渠道和资金权益属性的不同进行分类。按资金来源不同，可分为内源融资和外源融资；按资金渠道不同，可分为直接融资和间接融资，直接融资和间接融资又有具体的资金来源；按资金权益属性差异，可以分为股权融资和债务融资。融资方式的各种类型中，内源融资和外源融资中的股权融资与企业投资主体多元化有关，债务融资虽然与投资主体多元化没有直接关系，但是，如果给定筹资总额，债务融资的可得性及其额度将不可避免地对权益融资总额产生影响。

作为企业的出资人，一旦将融资问题与企业的未来发展相结合考虑，不同投资主体则表现出不同的融资偏好特征。由于股东拥有企业盈余要求权和剩余资产请求权，债权人仅拥有资金借贷契约事先约定的收益权。通

表 4 – 1　企业常见融资结构类型

资金来源	资金渠道		权益属性	权益主体
内源融资	折旧基金		自有资金	融资主体
	留存收益			
外源融资	直接融资	发行股票	股权融资	各种性质类型的投资主体
		发行债券		
	间接融资	应付账款	债务融资	各种性质类型的债权人
		银行贷款		
		信托、委托贷款等		

常情况下，盈余要求权和剩余资产请求权会随着企业经营而发生变化。这意味着债务资本参与企业经营承担相应的风险却无法分享风险收益，而权益资本参与企业经营只承担部分风险却分享所有的风险收益，因此在有限责任的组织制度下，一旦缺乏有效的市场监督和约束机制，债务合同又缺乏有效的保护性条款时，针对新增投资项目的融资过程中，原有股东将倾向于支持融资结构向权益融资倾斜的融资方案，尤其是股权集中度越高的股权结构企业越易于达成权益融资的协议。这也说明为何国有企业投资主体多元化改革早期阶段推进较为容易。

　　进一步地，当我们将投资主体按照性质类型进行区分后，我们也会发现主体类型和融资偏好之间的关联。比如，对于国有股权而言，考虑到国有资产流失和维持国有资本的控制权问题，国有股权在权益融资方面表现得更加谨慎。若不考虑市场监督和约束机制的不完善以及公司治理问题，而仅从投资收益的角度考量，企业的出资人中银行等金融机构投资者由于其专业优势和行业优势，可能带给企业更低的债权融资成本，因此在融资形式的选择中更可能向债务融资倾斜；类似地，当企业的出资人中证券公司等金融机构的影响力更大时，其专业优势和行业优势可能使得公司权益融资的可得性更高，从而企业融资形式的选择中会更多地向权益融资倾斜。当企业股东中各类基金投资者和个人投资者的影响力较大时，由于各类基金机构和个人投资者更在乎风险收益的匹配以及未来权益收益的可获得性和稳健性，其影响下的融资结构选择更可能从有利于公司治理完善、公司运营效率改善以及价值提升的角度出发，而非对控制权等的关注。战略投资者出于对企业较长时期内稳健发展以及效率持续改善的关注，其对融资形式的选择通常会从企业发展的战略角度考虑而选择融资结构的优选方案。对于私募股权基金和风险投资基金等机构投资者而言，由于其最终收益取决于所持有股权在未来的变现价值，这促使其对公司经营管理中的控制权、公司效率改善、价值提升以及股权变现能力格外关注，因此对随后投资的权益类融资更加谨慎。这些都意味着企业投资主体多元化的广度和深度以及拟投资项目的融资安排之间存在某种程度的相互关联与影响。

（二）投资主体间关系与融资安排

如果我们将投资主体多元化的广度理解为出资人性质类型的多寡，而将深度理解为单一性质类型出资人的最大持股比例，若企业在拟新增投资项目上维持固定的融资结构，就意味着股权融资既定，那么，对于拟新增投资项目而言，投资主体多元化的广度和深度将具有此消彼长的关系，较宽的广度使得单一性质类型出资人的股权比例降低，而较深的深度意味着单一性质类型出资人较高的股权比例只能来自于广度的压缩。对于新增投资项目而言，投资主体多元化的广度意味着股权分散程度较高，而深度则意味着股权集中度很高；若投资主体多元化的广度和深度同时增强，则要求融资结构调整，即提高股权融资比重而降低债务融资比重。另外，融资结构状态直接影响投资项目的控制权、剩余控制权、剩余索取权和现金流权。控制权的高低体现的是对资产的支配权而非一定拥有所有权，在股权融资规模既定时对投资主体多元化广度的维护极易造成所有者的控制权旁落；剩余控制权是指投资收益兑现全部契约收益权后的剩余收益的支配权，由于债务融资的利息属于合同收益权的构成部分，所以当融资结构向负债倾斜时，则对剩余控制权产生消极影响；剩余索取权是对契约收益权兑现后剩余收益的要求权，剩余索取权和剩余控制权的分离会导致剩余控制权无效率。

　　将上述分析叠加到当前的企业状态中，则意味着企业当前投资主体的各项权益可能会因为新增投资项目融资结构的变化而调整。从投资主体间的关系来看，如果当前拥有控制权的股东坚持在新项目实施前后的控制权结构不发生改变，那么，其必然会动用当前对企业的控制权做出有利于维持控制的融资安排，比如限制新增投资项目出资人性质类型的广度和深度变迁；同时为了维持当前的剩余控制权和索取权以及现金流权，其也可能对公司的负债—权益比进行干预，并调整当前法人股权层级关系的复杂性以维持现金流权或者终极控制权。当然，如果企业当前的股权集中度非常高，那么在对新增投资项目融资时，尽管投资前后出资人性质类型在广度和深度的变化会导致企业控制权、终极控制权、剩余索取权和剩余控制权以及现金流权的调整，但在很大的调整范围内，当前高度集中持股的控股股东对各种权利的变化不敏感，从而使得新增投资项目融资时对各种条件的容忍弹性较高，灵活多样的融资契约也更易达成；如果企业当前的股权集中度非常分散，则意味着强烈追求控制权的投资主体的缺乏。此时，在一个较大的调整区间内，高度分散持股的股东对各种权利调整的敏感性钝化，这同样会导致对融资条件较大的容忍弹性，也容易达成灵活多样的融资契约。

　　另外，如果企业当前的股权结构中，国有股权占据绝对的主导地位而其他股东持股比例很低，则企业表现出明显的国有特征，出资人身份事实上的不对等以及出于对国有资产流失的担心，在新增投资项目融资的过程中，融资结构向股权融资倾斜的难度一般较大，即使给定股权融资比例，其在出资人性质类型的广度和深度方面的变化通常也比较困难。也有一些企业的股权结构中，虽然国有股权比例并不拥有绝对的控股地位，但因各种制度安排使得国有股权取得事实上的控制权，此时既受制度所限，同时也为维护在剩余控制权、剩余索取权和现金流权等方面的既得利益，新增项目融资向股权融资的较大幅度倾斜以及在出资人性质类型的广度和深度方面的变化通常也比较困难。这些正是国有企业引进非国有资本、实现投资主体多元化的困难所在。此外，实际融资过程中也表现出这样的一些特征，国有企业或与国家有密切业务往来或者国家提供信用（政策）支持的企业较其他企业更容易得到资金，规模较大的企业也比小规模企业的融资可得性更高。这些都表明，企业属性与规模、股权结构、终极控制权结构、绝对（或相对）控股股东属性及其价值观等源自投资主体性质差异的方面都会在企业选择融资形式时发挥作用。

二、项目筛选中的信号传递与信号甄别

从煤炭企业的实际情况来看，具有异质性偏好的煤炭企业的多元投资主体，在对潜在的投资项目进行甄选时，面对潜在投资项目所传递的品质信号通常会产生差异性的理解或认知，这种针对潜在项目的异质判断会通过投资主体结构向项目甄选的过程传递并产生影响，进而导致特定的项目被选择；拟投资的项目被确定以后即进入融资环节，此时面对不同融资方式所要求的融资条件，像项目甄选过程一样，煤炭企业多元投资主体的异质性偏好也会通过投资主体结构向融资方式选择过程传递并产生影响，进而导致特定的融资方式并产生特定的融资结构，如图 4 - 1 所示。

（一）投资项目的私人信息与信号传递的价值

在许多契约关系中，缔约双方中总有一方拥有多过另一方的相关变量的信息。有时，为了取得尽可能多的利益，知情一方会试图通过某种行动、决策将相关变量的信息传递给缔约对方。我们将研究缔约之前知情参与人通过各种活动传递其知情信息特征的可能性，以及这种活动发生情况下所缔结合约的价值影响。这种情况发生的基础关系在于，如果一方的效用状况不为对方所知，那么最具效率的状态可能不会得到应有的支付。这意味着，在契约缔结之前，若一方完成一项活动的成本与其最终效率之间

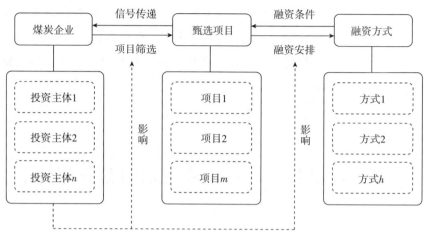

图 4-1　企业投资项目甄选与融资方式选择

具有递减的关系，那么这个活动就可以成为让缔约另一方确定活动提供者效率的信号。如果一项活动的成本高到拥有最低效率者不会去实施它，而该活动的成本低到拥有最高效率者一定会去实施它的地步，那么这项活动或者决策作为一个传递效率水平的信号就是有效的。

从我国煤炭企业的实际情况出发，我们已经知道，我国煤炭企业中国有性质的煤炭企业占80%以上，而且国有股权集中度也很高；虽然国有煤炭企业在投资主体多元化的广度和深度上不断努力，但截至目前，非国有股权广度较窄且深度较浅。这种情况使得我们对问题的分析得以合理地简化，因为非国有投资主体虽然可以在潜在投资项目的甄选过程中产生影响，但其作用是很有限的；潜在投资项目甄选的关键是得到各种国有资本的认可，这意味着信号传递主要发生在潜在投资项目和在煤炭企业中占据主导地位的国有投资主体之间。这使得我们可以合理地抽象其他投资主体，而将煤炭企业的投资者视为一个无内在差别的整体，于是，信号传递的实质是具有效率差别的不同项目为同一个投资主体展开竞争而采取的行动。①

―――――――――

①　为便于分析，我们将具有效率差异的潜在投资项目进行人格化，尤其是当潜在的投资项目本身就具有控制人时，比如专利、技术的拥有人，这种人格化处理本身就直接符合现实状态。这意味着为同一个投资主体展开竞争时，潜在的投资项目拥有私人信息，且其可以选择合适的信号并向投资主体传递。

在信息经济学的信息不对称模型中，众多文献已经证明了私人信息的存在对契约形式的影响。因为，一旦缔约一方拥有私人信息，那他试图利用私人信息获利就是理性选择，这种机制使得私人信息扭曲契约。由于缔约的另一方在设计最有效的契约时已经考虑到不对称的信息结构，因此一方拥有私人信息并不总是能够获得期望的好处。但在契约缔结以前，知情一方隐瞒信息很可能会获得收益。从煤炭企业甄选潜在投资项目的事实出发，我们将煤炭企业对选定的投资项目进行投资视为契约的缔结，由于投资的规模、收益预期、附加条件等都取决于煤炭企业，所以可以将该缔结的契约视为由煤炭企业提供，不同的项目因效率不同而区分为不同类型。倘若煤炭企业所提供的契约菜单中存在某些投资项目凭借私人信息获得好处而非所有类型的潜在投资项目都获得保留效用，那么煤炭企业所设计的投资契约必须给予各投资项目以激励，使其不会隐瞒私人信息而冒充其他类型的项目以骗取投资；而契约提供者的状况无疑较之对称信息下更糟，因为他必须给予某些项目超过其保留盈余的支付以激励其不伪装自己骗取投资，因此使得煤炭企业所提供的契约被扭曲。这些都说明，由于提供给拥有私人信息的一方选择的余地，不对称信息状态总是会产生效率损失。

另外，拥有比契约提供者更多的私人信息并不总是能使自己的状况更优，很多时候潜在的投资项目更情愿公开自己掌握的私人信息。面对市场上存在的多个潜在投资项目，若一类潜在投资项目在信息对称和不对称下的境况无差异时，另一些类型的潜在投资项目在不对称信息状态下的境况更糟，因为他没有办法证明自己的类型，此时这种不能公开的私人信息会有损项目利益。一旦私人信息的公开披露使得自己的情况得以优化，那么拥有私人信息者就存在披露信息的动机，并选择合适的信号来传递其真实的类型特征。因此，一个信号就是一种活动或者决策，它可以用来向煤炭企业证明潜在的投资项目具有某种所期待的特征。这意味着，相关的投资项目是所有备选投资项目全集中的子集，为了使信号具有信息性，只有真正有效的投资项目才会对实施该信号感兴趣，这也说明，信号所传递的有关投资项目类型的信息在公开状态下的效用大于在秘密状态下的效用。

（二）最低成本分离均衡的实现

为了明晰传递项目价值的信号在项目甄选当中的作用，我们借鉴 Spence（1973）的基本框架，以备选投资项目的技术水平作为项目选择的信号。需要说明的是，备选投资项目蕴含的技术水平仅仅是个信号而不会影响项目获得投资以后的产出效率。

为简单起见，我们假设存在两个备选的投资项目，分别为产出效率高的项目和产出效率低的投资项目，不妨假定高的产出效率为2，低的产出效率为1。当煤炭企业与某个项目缔结投资契约时，需要给予 w 的支付，这意味着，投资后煤炭企业的利润是（$2-w$）还是（$1-w$），取决于所投资项目的类型，即其产出效率是高（H）还是低（L）。进一步假定，每个备选投资项目进入备选集之前都有获得特定技术水平的可能性。以 x 表示为达到一定技术水平而付出的成本，这个成本的高低取决于备选项目的类型，令 L 型项目每 x 单位技术的成本为 x，而 H 型项目每 x 单位技术的成本为 $x/2$；假定煤炭企业对备选投资项目集中的投资项目未来的产出效率具有某种先验信念，给定技术水平时，这些信念能被不同类型的投资项目进行自我证实的条件即刻显现。令煤炭企业对拟投资项目的产出效率的信念为 x^*，若某个项目存在 $x>x^*$，就被认为是 H 型的投资项目；反之，若 $x<x^*$ 则被认为是 L 型的投资项目。与此对应，煤炭企业对 H 型的项目愿意提供的支付为2，而对 L 型的项目愿意提供的支付为1；给定市场上对每个类型项目的平均支付水平，每个类型的项目都会选择能最大化其剩余的技术水平。此时，在所有的情况下，无论是 H 型还是 L 型的投资项目，都会选择 $x=0$ 或者 $x=x^*$，因为当 $x\in(0,\ x^*)$ 时，任何与 $x=0$ 有相同价值的信号 x 都不值得传递，因为其成本更高；同样的道理，任何 $x>x^*$ 的信号和 x^* 相比成本也更高，所以不值得传递这样的信号。若要公司的信念能在市场被项目自我证实，则需要满足以下条件。

对于 H 类型的投资项目

$$2-(x^*/2)\geq1-0 \tag{4-1}$$

对于 L 类型的投资项目

$$1 - 0 \geq 2 - x^* \tag{4-2}$$

这意味着 $x^* \in [1, 2]$。

基本的结论是，只要在 1～2 的某个技术水平是可能的，那么就会存在一个能使每个类型投资项目选择自己的信号行为而实现市场均衡。此时，若煤炭企业观察到某备选投资项目到达该技术水平，则认为该项目是在未来具有高产出效率的，否则被认为是产出效率较低者。因为，只有真正在未来具有高产出效率者才会在现在付出成本以实现较高的技术水平。需要说明的是，这个均衡并不是唯一的，但是考虑到信号的成本应尽可能低，因此 $x^* = 1$ 是现实的，且属于最低成本分离均衡状态。

三、项目筛选与最优控制权配置

（一）关注投资项目未来经济状态的项目优选

为了使投资项目信号甄别机制更加具体化，我们假设所有的潜在投资项目在进入备选集之前，都可以自行决定其作为信号的技术水平付出多大的代价（比如研发工时、研发投入等），作为信号的技术水平记为 t 且可以被煤炭企业所观察。此时，若备选投资项目为 H 型，其实现特定技术水平的负效用记为 $v^H(t)$；类似地，若备选投资项目为 L 型，其实现特定技术水平的负效用记为 $v^L(t)$；$t \in (0, t')$，且 $v^H(t') > v^H(0)$，$v^L(t') > v^L(0)$，$v^H(0) = v^L(0) = 0$，为便于分析，记为 $v^H \equiv v^H(t')$，$v^L \equiv v^L(t')$。考虑到关于 t 的决策能影响煤炭企业对与其签订投资协议的潜在投资项目类型的信念。假定煤炭企业关于备选投资项目为 H 类型的先验信念为概率 q，

一旦其观察到 t，则 q 得到修正[①]，记为 $q(t)$。此时，煤炭企业对备选投资项目进行的甄别机制沿着时间路径表现为如图4-2所示的状态，可以考察契约设计及其均衡状态条件。

图4-2　投资人甄别备选投资项目的时间线索

状态1：若无论是 H 类型还是 L 类型的备选投资项目，都选择相同的 t，那么观察 t 将无法得到关于备选投资项目类型的信息，此时的信号不是信息性的，则存在 $q = q(t)$；这种状态的意思是所有类型的备选项目在决策上混同，因此该状态属于混同均衡状态。

状态2：若 H 类型的投资项目选择 $t = t'$，而 L 类型的投资项目选择 $t = 0$，那么投资人观察信号 t 就可以得到备选投资项目类型的信息，信号是信息性的，即有：$t = t' \rightarrow H$，从而 $q(t') = 1$；同样的道理有 $t = 0 \rightarrow L$，$q(0) = 0$。在这种状态下，不同类型的投资项目做出不同的自我行为决策，因此该状态属于分离均衡状态。

考虑到备选投资项目的自我行为选择是最优的，那么，处于混同均衡中的所有类型备选投资项目都缺乏偏离均衡的动机；而在分离均衡中，没有哪种类型的备选投资项目有动机去冒充别的类型。这意味着，项目甄别机制的关键在于，当备选投资项目的信号被传递时，煤炭企业将根据观察到的信号来构建关于项目未来产出效率的信念，这个信念将进入投资契约的设计中。言下之意是，如果投资人期待能够通过所观察的信号将备选投资项目类型得以区分，并通过为 H 类型的投资项目设计合理的契约而实现

---

① 我们假设贝叶斯规则适用的所有条件成立。

最优支付，这种期待只能通过分离均衡来实现。

为了得到分离均衡的契约条件，继续假定备选投资项目传递的信号是信息性的，且 $q(t') = 1$，$q(0) = 0$ 是正确的，那么投资人对备选投资项目的支付为

$$w(t) = \begin{cases} w^{H*}, & \forall\, t = t' \\ w^{L*}, & \forall\, t = 0 \end{cases} \tag{4-3}$$

此时，被投资项目获得的效用为

$$\begin{cases} U^{H*}, & \forall\, t = t' \\ U^{L*}, & \forall\, t = 0 \end{cases} \tag{4-4}$$

当然，这些都和备选投资项目的类型即其在未来的产出效率无关，因为给定其他条件，投资人为项目进行的支付并不决定项目的品质。为了实现均衡状态，被投资项目必须能够证实投资人的预期，即没有任何一种类型的投资项目具有冒充其他类型投资项目的动机。换句话说，不存在 $H \to t = 0$ 或者 $L \to t = t'$，因此，实现分离均衡的经济条件为：对 H 类型，$U^{H*} - v^{H} \geqslant U^{L*}$；对 L 类型，$U^{L*} \geqslant U^{H*} - v^{L}$。这个条件可以改写为

$$\begin{cases} v^{H} \leqslant U^{H*} - U^{L*} \\ v^{L} \geqslant U^{H*} - U^{L*} \end{cases} \tag{4-5}$$

在这个经济条件的基础上，可以得到项目信号甄别机制实现分离均衡的结论。

结论 1：$v^{H} \leqslant v^{L}$ 是信念 $q(t') = 1$，$q(0) = 0$ 构建投资契约分离均衡的必要条件。

结论 2：$v^{H} \leqslant U^{H*} - U^{L*}$，$v^{L} \geqslant U^{H*} - U^{L*}$ 是信念 $q(t') = 1$，$q(0) = 0$ 构建投资契约分离均衡的充分条件。

$v^{H} \leqslant v^{L}$ 是 $H \to t = t'$ 和 $L \to t = 0$ 成为一个均衡的必要条件，意思就是备选投资项目的类型品质越好，其信号成本必然会比较低，反之亦然；但是，仅仅有信号 t' 对于 L 类型的备选投资项目比其对于 H 类型的备选投资项目的成本更高的条件是不够的；进一步地，对于 L 类型的备选项目，这个信号成本必须大到其没有发出信号 t' 的程度，对于 H 类型的备选项目，这个

信号成本必须低到小于其从发出信号 t' 中所得到的收益。充分条件的成立性，要求投资人的信念调整过程满足完备贝叶斯均衡的逻辑，即同时满足三个条件：①$H \to t = t'$，$L \to t = 0$；②$q(t') = 1$，$q(0) = 0$；③$w(t') = w^{H*}$，$w(0) = w^{L*}$。

满足上述三个条件的意思就是说，若投资人存在信念 $q(t') = 1$，$q(0) = 0$，意味着当观察到信号后依据信念确信 $t = t' \to H$ 和 $t = 0 \to L$，如果这恰如实际情况，则信号传递所实现的境况类似于对称信息的境况，此时契约的支付为 $w(t') = w^{H*}$，$w(0) = w^{L*}$；显然，在这种情况下，投资人对投资项目的支付结构是均衡状态下的最优决策；当然，如果确信 $t = t' \to H$ 和 $t = 0 \to L$，则信念一定为 $q(t') = 1$，$q(0) = 0$；当条件②③满足，契约状态类似于对称信息下的契约状态时，$H \to t = 0$ 或者 $L \to t = t'$ 一定是不成立的，即每个类型的项目都没有冒充其他类型骗取投资的动机，因为，面对投资人的信念 $q(t') = 1$ 和 $q(0) = 0$，以及自己所得到的、类似于对称信息的均衡支付结构 $w(t') = w^{H*}$ 和 $w(0) = w^{L*}$，H 类型项目和 L 类型项目各自的最优行为决策就分别是 $t = t'$ 和 $t = 0$，因此①也一定是成立的。这个充分必要条件说明，备选投资项目不把有限的资源消耗在不能使自己感兴趣也不能使投资人感兴趣的活动中是完全理性的决策。

（二）拟投资项目的控制权配置

伯利和米恩斯（1932）最早对所有权与经营权两权分离及其带来的控制权问题进行论述。后来的学者基于不同的研究视角提出了控制权的概念。比如，Fama 和 Jensen（1983）从企业的决策程序与资产营运关系的角度考虑，把企业决策分为决策经营和决策控制，前者主要表现为日常经营管理权，后者主要表现为决策认可与监督权，即决策控制权，这是通常意义上的控制权；Grossman 和 Hard（1988）从契约关系的角度出发，认为契约内容确定和规范行使的是特定控制权，契约内容未曾事先约定的各项权利即剩余控制权；Aghion 和 Bolton（1992）则认为源自于所有权的决策主体拥有的权利为形式控制权，形式控制权人并不一定是实际控制权人。

尽管关于控制权的认识存在不同观点，但一般都认为控制权源自所有权，所有权是控制权和剩余索取权的统一。正因为如此，通常来讲，引进资本实现投资主体多元化势必稀释原有股权，失去所有权意味着控制权旁落。看似不错，其实忽视甚至混淆一个重要的问题，即未对资本利益与企业利益做具体的细致区分。若认真考察两者的不同则可以发现，不但股权与控制权可以分离，而且实际中还存在着多种使得两者分离的工具，使得股东所拥有的控制权要么大于、要么小于其所有权，即控制权强（弱）化机制，比如特别权股份、决策中的多数规则、投票权授权、累积投票制度等。

金字塔结构和交叉持股是最常见的控制权强化机制。金字塔形持股结构的目的在于以少数资源控制和支配多数资源。实际中，由于控制权强化机制的存在，比如决策中多数规则的普遍应用，使得大股东的控制权往往超过其所有权；控制层级越多，控制权强化机制的作用通常也越强，控制权超过所有权也越多；当控制权收益很高时，控股股东一般都不会容许控制权旁落；在这种控制权多层级情况下，终极控制人以少量资源控制大量资源，导致最终控制权和现金流权的分离。这意味着，在市场竞争比较充分，项目投资较高但利润较低的情况下，终极控制权的实现更倾向于金字塔结构；此时最终控制人更在乎的是控制权收益最大化而非公司利益最大化。交叉持股是不同的企业之间相互持股，通过股权关系以及决策规则，也可以实现控制权的强化。当然，如果控制权利益不能大于控制权成本，那么所有的控制权强化手段都是不可取的，对控制权收益大小的判断，要求我们必须关注多层级控制本身的效率和控制对象的经营效率。

现在，我们回到煤炭企业投资决策的过程中。由于煤炭资源是我国最重要的基础性能源，煤炭产业的发展事关国家战略和国计民生的重大利益，因此，前述已经证明在煤炭行业保持国有资本控制和主导地位的重要性。适当地降低国有资本的比例，推动投资主体多元化，既有利于提升煤炭领域国有资本实际的控制力以及国有资本的保值增值，也有利于在煤炭企业建立和完善现代治理机制以提升企业效率。煤炭行业的特殊性意味着，面对特定的备选投资项目，在多元投资主体进入投资项目的过程中，投资契约必须事先根据备选投资项目的特征就控制权做出安排。如果该投资项目属于煤炭产业的关键领域，这意味着我们必须关注投资项目的控制权；若该投资项目属于煤炭企业多元化经营中的非关键或重点领域，此时收益目标的重要性可能就超过控制权目标的重要性。

为了能将上述观点形式化且简单化，我们假设某投资项目的融资结构中没有债务融资，所有的资本均来自股权融资，但权益主体的性质不同；为体现权益主体性质和控制权的不同，我们将不拥有控制权、控制权很弱或者不关心控制权的投资主体的股份简单化为无投票权的优先股（b），其投资得到固定的收益 I_0；关心控制权且通过投票权施加影响的投资主体的股权为普通股权（s），结合 b 的假设，s 也可以看成大股东；投资项目日常运营过程由职业管理人（m）负责，管理人的薪酬固定为 w_m，在契约期限内 w 和 m 的努力水平无关；借鉴张维迎（1995）的模型展开。

（1）参与主体假定：假设所有人风险中性，且具有相同的二次效用函数

$$U_i(\pi_i, a_i) = \pi_i - C_i(a_i) = \pi_i - \frac{a_i^2}{2}, i = s, b, m \qquad (4-6)$$

其中，π_i 是项目收入；对于管理者，a_i 代表其付出的工作努力，对于股东，努力 a_i 代表其投资的资本。

假设产出 f 满足线性分配形式，项目各个参与方的收益为

$$\begin{cases} \pi_b = I_0 + \gamma_1(f - w_m - I_0) \\ \pi_s = \gamma_2(f - w_m - I_0) \\ \pi_m = w_m + \gamma_3(f - w_m - I_0) \end{cases} \qquad (4-7)$$

其中，γ 反映剩余索取权，Grossman 和 Hard（1988）证明了剩余索取权和剩余控制权相统一时的控制权才是有效的，这意味着 γ 也反映实际的控制权情况。

（2）投资项目假定：项目的产出函数满足柯布—道格拉斯条件，若产出的随机干扰因素是期望值为零的随机变量，那么该投资项目的期望产出函数为

$$f = a_b^\alpha a_s^\beta a_m^{1-(\alpha+\beta)} \tag{4-8}$$

该函数中，$\partial f/\partial a_i$ 是每个主体的边际产出效率且是其他主体努力的增函数，这个特征是对团队协作积极意义的形式化；$\alpha, \beta, (1-\alpha-\beta)$ 是产出对努力的弹性系数且表示团队中各个成员的相对重要性。

（3）控制权假定：拥有控制权的主体通过其工作同时实现产出效应和监督效应。以 l 表示监督状态，以 z 表示无监督状态，那么 a_i^z 和 $a_i^l (i=b,s,m)$ 分别表示各参与主体无监督的主动努力和监督下的被动努力水平，同时假设监督技术满足式（4-9）的线性形式，其基本含义是，若管理人每增加单位劳动，需要优先股股东和普通股股东分别增加 μ_b 和 μ_s 的投入。如果 $a_i^l \geq a_i^z$，则监督是有效的；当 ρ、μ、υ 全不为 0 时，监督在技术上是可行的，否则监督在技术上不可行

$$\begin{cases} a_m^l = \rho_m a_b^z = \upsilon_m a_s^z \\ a_s^l = \mu_s a_m^z = \rho_s a_b^z \\ a_b^l = \upsilon_b a_s^z = \mu_b a_m^z \end{cases} \tag{4-9}$$

当各方投资主体参与下的投资项目实现最优时，要求

$$\max\left[Ef - \sum_{i=b,s,m} C_i(a_i) \right] \tag{4-10}$$

将式（4-6）、式（4-7）、式（4-8）代入式（4-10）后有

$$\max\left(a_b^\alpha a_s^\beta a_m^{1-(\alpha+\beta)} - \frac{a_b^2}{2} - \frac{a_s^2}{2} - \frac{a_m^2}{2} \right)$$

$$\text{s. t.} \begin{cases} a_b \in \underset{a_b}{\text{argmax}}\left[(1-\gamma_1)I_0 + \gamma_1(a_b^\alpha \cdot a_s^\beta \cdot a_m^{1-(\alpha+\beta)} - w_m) - \dfrac{a_b^2}{2} \right] \\ a_s \in \underset{a_s}{\text{argmax}}\left[\gamma_2(a_b^\alpha a_s^\beta a_m^{1-(\alpha+\beta)} - w_m - I_0) - \dfrac{a_s^2}{2} \right] \\ a_m \in \underset{a_m}{\text{argmax}}\left[(\gamma_1+\gamma_2)w_m + (1-\gamma_1-\gamma_2)(a_b^\alpha a_s^\beta a_m^{1-(\alpha+\beta)} - I_0) - \dfrac{a_m^2}{2} \right] \end{cases} \tag{4-11}$$

状态 1：$\rho = \mu = \upsilon = 0$，监督在技术上不可行。

由最优化的一阶条件得到投资项目参与主体努力的反应函数

$$\begin{cases} a_b = (\alpha\gamma_1)^{\frac{1}{2-\alpha}} a_s^{\frac{\beta}{2-\alpha}} a_m^{\frac{1-(\alpha+\beta)}{2-\alpha}} \\ a_s = (\beta\gamma_2)^{\frac{1}{2-\beta}} a_b^{\frac{\alpha}{2-\beta}} a_m^{\frac{1-(\alpha+\beta)}{2-\beta}} \\ a_m = [(1-\alpha-\beta)(1-\gamma_1-\gamma_2)]^{\frac{1}{1-(\alpha+\beta)}} a_s^{\frac{\beta}{1-(\alpha+\beta)}} a_b^{\frac{\alpha}{1-(\alpha+\beta)}} \end{cases} \qquad (4-12)$$

从式（4-12）中得到纳什均衡下的努力水平，令 $\psi = (1-\gamma_1-\gamma_2)$ $(1-\alpha-\beta)$，有

$$\begin{cases} a_b^N = (\alpha\gamma_1)^{\frac{\alpha+1}{2}} (\beta\gamma_2)^{\frac{\beta}{2}} \psi^{\frac{1-\alpha-\beta}{2}} \\ a_S^N = (\alpha\gamma_1)^{\frac{\alpha}{2}} (\beta\gamma_2)^{\frac{1+\beta}{2}} \psi^{\frac{1-\alpha-\beta}{2}} \\ a_b^N = (\alpha\gamma_1)^{\frac{\alpha}{2}} (\beta\gamma_2)^{\frac{\beta}{2}} \psi^{\frac{2-\alpha-\beta}{2}} \end{cases} \qquad (4-13)$$

从式（4-13）中可以看出，作为投资项目的参与主体，任何一方的剩余索取权为零都会导致均衡的努力水平为 0，其实际含义为，在团队协作中，任何一方都不可或缺，而且，在团队协作过程中，当监督在技术上不可行时，将控制权赋予任何一方都是非优决策。为得到最优控制权分配，对式（4-13）中的三个分式分别进行最优化求解，一阶条件为：分别进行全微分并令其等于 0，然后根据偏导系数矩阵解出最优状态下的控制权组合状态（γ_1，γ_2，γ_3）。

其他出资人付出达到最大时的控制权状态为

$$(\gamma_1, \gamma_2, \gamma_3) \rightarrow \left(\frac{1+\alpha}{2}, \frac{\beta}{2}, \frac{1-\alpha-\beta}{2}\right) \qquad (4-14)$$

大股东付出达到最大时的控制权状态为

$$(\gamma_1, \gamma_2, \gamma_3) \rightarrow \left(\frac{\alpha}{2}, \frac{1+\beta}{2}, \frac{1-\alpha-\beta}{2}\right) \qquad (4-15)$$

管理者付出实现最大时的控制权状态为

$$(\gamma_1, \gamma_2, \gamma_3) \rightarrow \left(\frac{\alpha}{2}, \frac{\beta}{2}, \frac{2-\alpha-\beta}{2}\right) \qquad (4-16)$$

观察上述结果可以发现，由于剩余控制权收益和纳什均衡状态下的投资项目参与人最大付出之间存在正向关系，所以，如果要实现某类项目参与者付出最大，就应该提高其剩余索取权或者说给予其相应的剩余控制权。换句话说，如果剩余索取权只是赋予股东的权利，那么上述结果实际

上暗示管理者股权激励的积极意义。这个结论也提醒我们，通过各种人为的、企业内部的制度安排，提升管理者和中小股东的剩余索取权利益是调动中小股东参与管理、关注公司价值成长的重要举措。

状态 2：ρ，μ，$\upsilon > 0$，监督在技术上可行。

由最优化的一阶条件得到投资项目参与主体努力的反应函数

$$\begin{cases} a_b = \max\left[(\alpha\gamma_1)^{\frac{1}{2-\alpha}} a_s^{\frac{\beta}{2-\alpha}} a_m^{\frac{1-(\alpha+\beta)}{2-\alpha}}, \upsilon_b a_s^z, \mu_b a_m^z \right] \\ a_s = \max\left[(\beta\gamma_2)^{\frac{1}{2-\beta}} a_b^{\frac{\alpha}{2-\beta}} a_m^{\frac{1-(\alpha+\beta)}{2-\beta}}, \rho_s a_b^z, \mu_s a_m^z \right] \\ a_m = \max\left\{ \left[(1-\alpha-\beta)(1-\gamma_1-\gamma_2) \right]^{\frac{1}{1-(\alpha+\beta)}} a_s^{\frac{\beta}{1-(\alpha+\beta)}} a_b^{\frac{\alpha}{1-(\alpha+\beta)}}, \rho_m a_b^z, \upsilon_m a_s^z \right\} \end{cases}$$

$$(4-17)$$

说明：①投资项目每个参与主体的付出程度取自主付出（方括号中的第一项）和其他成员监督下付出（方括号中的第二项和第三项）的最大者；②每个参与者的自我努力与其剩余索取权或者控制权 γ 具有正向关系，一旦控制权上升至某个水平，①的结果是选择自主付出，那就意味着其他人的监督对其不起作用，否则，监督是必要的。

控制权配置状态 1：$(\gamma_1，\gamma_2，\gamma_3) \rightarrow (0，1，0)$，大股东绝对控制。

此时存在

$$\begin{cases} a_b = a_b^l = \upsilon_b a_s^z \\ a_m = a_m^l = \upsilon_m a_s^z \end{cases} \quad (4-18)$$

$$a_s = a_s^z = (\beta\gamma_2)^{\frac{1}{2-\beta}} \cdot a_b^{\frac{\alpha}{2-\beta}} \cdot a_m^{\frac{1-(\alpha+\beta)}{2-\beta}} \quad (4-19)$$

将式（4-18）代入式（4-19）得到

$$\begin{cases} a_b = (\beta\gamma_2)\upsilon_b^{1+\alpha}\upsilon_m^{1-\alpha-\beta} \\ a_s = (\beta\gamma_2)\upsilon_b^{\alpha}\upsilon_m^{1-\alpha-\beta} \\ a_m = (\beta\gamma_2)\upsilon_b^{\alpha}\upsilon_m^{2-\alpha-\beta} \end{cases} \quad (4-20)$$

式（4-20）说明投资项目参与主体的付出水平随着大股东控制权 γ_2 及其相对重要性 β 的提高而提高，且监督效力 υ 越强，成员的付出水平也越高，当大股东对小股东和管理者的监督效力趋近时，小股东和管理者对项目实施的支付也是趋近的；比较均衡状态结果式（4-20）中 b 和 m 的付出水平可以看出，在两者之间大股东首选监督管理者，即 $v_m > v_b$，对日常经营管理行为的监督和控制，这有助于其剩余索取权、终极控制权和现金流权的落实。

将 $\gamma_2 = 1$ 连同式（4-20）一起代入利润函数式（4-11），得到大股东绝对控制时的总利润

$$\Pi_{\gamma_2 = 1} = \frac{\beta v_b^{2\alpha} v_m^{2(1-\alpha-\beta)}}{2} [\, 2 - \beta(1 + v_b^2 + v_m^2)\,] \qquad (4-21)$$

控制权配置状态 2：管理者绝对控制。

此时存在

$$\begin{cases} a_b = a_b^l = \mu_b a_m^z \\ a_s = a_s^l = \mu_s a_m^z \end{cases} \qquad (4-22)$$

$$a_m = a_m^z = (1-\alpha-\beta)(1-\gamma_1-\gamma_2)^{\frac{1}{1+\alpha+\beta}} a_b^{\frac{\alpha}{1+\alpha+\beta}} a_s^{\frac{\beta}{1+\alpha+\beta}} \qquad (4-23)$$

将式（4-22）代入式（4-23）得到

$$\begin{cases} a_b = \theta \vartheta \mu_b^{1+\alpha} \mu_s^{\beta} \\ a_s = \theta \vartheta \mu_b^{\alpha} \mu_s^{1+\beta} \\ a_m = \theta \vartheta \mu_b^{\alpha} \mu_s^{\beta} \\ \theta = 1 - \alpha - \beta,\ \vartheta = 1 - \gamma_1 - \gamma_2 \end{cases} \qquad (4-24)$$

式（4-24）说明投资项目参与主体的付出水平随着管理人员控制权 θ 及其相对重要性 ϑ 的提高而提高，且监督效力 μ 越强，大股东和其他出资人的付出水平越高；管理人员倾向于根据大股东和小股东的重要性来分配监督效力。比如，日常经营管理需要在资金、自主权和灵活性等方面给予更多支持时，管理人员倾向于向大股东配置监督权，这可以理解企业在不同状态下的经营管理策略。

将 $\gamma_3 = 1$ 连同式（4-24）一起代入利润函数式（4-11），得到管理者绝对控制时的总利润

$$\Pi_{\gamma_3 = 1} = \frac{(1-\alpha-\beta)\mu_b^{2\alpha}\mu_s^{2\beta}}{2} [\, 2 - (1-\gamma_1-\gamma_2)(1 + \mu_b^2 + \mu_s^2)\,] \qquad (4-25)$$

控制权配置状态 3：大股东之外的其他出资人绝对控制。

此时存在

$$\begin{cases} a_s = a_s^l = \rho_s a_b^z \\ a_m = a_m^l = \rho_m a_b^z \end{cases} \tag{4-26}$$

$$a_b = a_b^z = (\alpha\gamma_1)^{\frac{1}{2-\alpha}} a_s^{\frac{\beta}{2-\alpha}} a_m^{\frac{1-(\alpha+\beta)}{2-\alpha}} \tag{4-27}$$

将式（4-26）代入式（4-27）得到

$$\begin{cases} a_b = (\alpha\gamma_1)\rho_s^{\beta}\rho_m^{1-\alpha-\beta} \\ a_s = (\alpha\gamma_1)\rho_s^{\beta+1}\rho_m^{1-\alpha-\beta} \\ a_m = (\alpha\gamma_1)\rho_s^{\beta}\rho_m^{2-\alpha-\beta} \end{cases} \tag{4-28}$$

式（4-28）说明投资项目参与主体的付出水平随着大股东以外的其他出资人的控制权 γ_1 及其相对重要性 α 的提高而提高，且监督效力 ρ 越强成员的付出水平也越高，当其他出资人对大股东和管理者的监督效力趋近时，大股东和管理者对项目实施的支付也是趋近的；比较均衡状态结果式（4-28）中 s 和 m 的付出水平，可以看出，在两者之间其他出资人首选监督管理者，即 $\rho_m > \rho_s$，对日常经营管理行为的监督和控制，这有助于其剩余索取权和现金流权的落实。

将 $\gamma_2 = 1$ 连同式（4-28）一起代入利润函数式（4-11），得到管理者绝对控制时的总利润

$$\prod_{\gamma_2=1} = \frac{\alpha\rho_s^{2\beta}\rho_m^{2(1-\alpha-\beta)}}{2}[2 - \alpha(1 + \rho_m^2 + \rho_s^2)] \tag{4-29}$$

当然，依据上述逻辑，我们也可以解出联合控制权等其他控制权配置状态，只是在这里，考虑到当前煤炭企业多元化的现实特征，在逻辑相同的情况下，已经可以明白其道理而无须逐一求解。通过比较式（4-21）、式（4-25）、式（4-29）可以看出，控制权的最优安排与投资项目参与者的相对重要性和监督效力密切相关。根据相关学者的文献，企业控制权的来源大致可以区分为四类来源：一是财产所有权；二是知识（含技能、信息）所有权；三是惯例；四是强制。这四个方面直接决定是谁最终拥有控制权以及谁拥有控制最富效率。前两者是控制权配置的基础，终极控制权也根源于资本的所有权，但是，根据上述的证明结论，在产出过程中是

物质资本或知识资本单独拥有控制权，还是两者共享控制权，取决于物质资本、知识资本在产出过程资产的专用性以及在风险承担方面的力度或者重要性，权利与资本在产出过程的恰当匹配才是最富效率的。产出过程中，物质、知识的变化促进控制权的动态调整。在投资项目的所有参与者中，控制权应该向地位或作用更重要、监督效力更高的参与主体倾斜，这样的做法才有利于利润最大化的实现。当然，如果最富效率的控制权配置状态与资本所有权要求的控制权相冲突，通过内部正式制度进行控制权强制配置则是必要的手段。

四、控制权动态调整对融资结构的影响

Grossman 和 Hart（1988）指出，控制权拥有者可能会通过掌握的权利谋取私利，其谋取私利的程度受到控制权和现金流权的影响，两者之间的差异程度反映潜在的控制权私利空间，两者差距增大的过程就是控制权私利谋取动机增强的过程。持股比例的大小决定现金流权的程度，反映股东与企业利益关联紧密度或者说利益协同度。一旦现金流权和控制权不匹配，若非存在有效的内部治理制度监督与约束，控制权私利谋取就具有相当的现实性，两者无疑会损害小股东、债权人等利益相关者的利益。图 4-3 反映了现金流权、控制权与控制权私利的变化关系。

图 4-3 中，纵轴为企业价值 v，横轴为控制权私利 s；vs 线为控制权拥有者谋取控制权私利的预算约束线，由于控制权私利谋取的实质是改变部分利益的归属，即由企业转移到控制权拥有者手中，而没有改变利益的总额，故该预算线的斜率为 -1；u_1 是控制权人的偏好无差异曲线，凸的无差异曲线反映企业价值和控制权私利之间边际替代关系，反映其对一定量的利益在企业和自己拥有之间的态度。

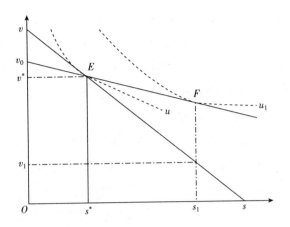

图 4 - 3　现金流权、控制权与控制权私利的变化

假设初始状态下，当控制权人拥有企业全部股权时，无差异曲线与预算线切于 E 点，决定 (v^*, s^*) 的企业价值和控制权私利的配置关系；随后，控制性股东降低持股比例到 $x(\underline{x} \leqslant x \leqslant 1)$，$\underline{x}$ 为保持控制权所需要的最低持股比例；其他小股东将拥有 $1-x$ 的持股比例，若小股东认为控制权人的控制权私利保持不变，则其愿意对 $1-x$ 的支付为 $v(1-x)$；而控制权人获取的等量控制权私利成为 x，这意味着预算约束线变得平缓，理由是其只承担部分因增加控制权私利所带来的企业损失，变化后的预算约束线为 Ev_0 直线，其斜率为 $-x$ 且一定过 E 点[1]。此时，无差异曲线向右移动后的 u_1 线与 Ev_1 切于 F 点，决定 (v_1, s_1) 是新的企业价值和控制权私利的配置关系；$s_1 > s^*$ 说明控制权私利增加，$v_1 < v^*$ 说明企业价值损失，且满足 $(s_1 - s^*) = (v^* - v_1)$，但控制权拥有者仅仅承担 $x(v^* - v_1)$ 的部分，因为 $x(v^* - v_1) < (v^* - v_1)$，其余部分由其他股东承担，这意味着大股东对小股东利益的侵占。控股股东适当地提高控制权比例可以有效降低大股东对小股东的利益侵占；否则，股权分散和投资主体多元化的过程中，必须建立完善的内部治理制度以约束大股东私利行为。

---

① 因为只要他愿意，控制权拥有者就完全可以拥有如同完全持股时所获得的控制权私利。

就我国煤炭企业的实际情况来看，尽管煤炭领域的市场化改革不断深入，但这并不能影响煤炭产业在我国能源领域的战略性地位和作用，这使得在煤炭产业改革的过程中，资源管理体制、国有股权的所有权模式和非市场化剥离非核心资产的改制模式都使得煤炭企业和政府（机构）之间存在密切的利益关联。结果是煤炭企业受政府影响大、国有股权比例高，股权集中度高，非国有资金比重低，出资人多元化有待进一步深入发展，相关法律法规不健全或者执行不得力，这些都使得国有股权几乎完全控制企业发展、左右投资决策并使得内部控制流域形式成为煤炭企业的普遍现象；尽管我们存在良好的动机和信心来促使其朝着更具效率的方向改进，但组织发展的路径依赖使得其在短期内难以扭转。因此，在当前这个特定的制度环境下，当司法体系、市场制度体系不能形成对相关者利益的有效保护时，所有权结构、融资结构作为企业最重要的内部治理机制，其影响就显得尤为重要。上述分析也进一步对此提供佐证。在缺乏完善的内部治理机制以及有效的中小投资者利益保护机制的情况下，拥有控制权的大股东为谋取控制权私利，往往存在强烈的推动投资主体多元化、实现不影响控制权的、减持行为的动机；当然，绝对的减持不是必需的，如果可以扩大运营的总资本，即可以实现相对的减持，此时，通过投资主体多元化，适当地让渡控制权，既可以在形式上增加治理监督主体，也可以给外部融资人以吸引力。这个过程中，更多性质类型的出资人的加入、更多类型的债权人加入、负债比率的提高等方面的变化，本身就是融资结构的调整过程。值得一提的是，在投资项目融资环节，进行投资主体多元化引进其他投资主体资本时，大股东的不减持承诺本身就是一种赋予外部融资人信心的担保机制。

第五章

多元投资主体下煤炭企业投资后的
利益冲突与协调

前面的章节基于我国煤炭企业所有权结构的实际特征，探讨了投资项目的筛选以及融资过程中的相关决策问题。承接上述内容，本章中将在进一步分析煤炭企业投资主体多元化特征及其特殊性的基础上，尝试对煤炭企业投资后的主要利益冲突与协调机制展开探讨，以明晰资本进入后煤炭企业管理优化的机制与策略。

一、煤炭企业治理特征及其特殊性

企业经历投资项目筛选和融资过程，资本进入以后，投资相关的工作将进入资本管理与运作过程。在这个过程中，建立在西方发达经济体股权高度分散背景基础上的传统委托—代理理论认为，股权的高度分散使得单个出资人既没有能力也缺乏足够的动机去实施对经营管理者的有效监管，从而使得经营管理者在事实上掌握、支配着企业资源的配置及其利益分配，即管理层取得企业的实际控制权。但是，当前的资源管理体制和投资管理体制塑造我国煤炭产业和产业内企业的特殊治理特征，我国煤炭企业股权结构的具体背景决定我国煤炭企业治理中的主要问题与发达经济体相比，有自己的特殊性。

（一）股权结构的特殊性

当前，在我国所有的所有制类型的煤炭企业当中，国有性质的煤炭企业占据绝对的主导地位，其资产总额超过全部煤炭企业资产总额的 2/3；非国有的其他所有制类型，尤其是股份公司、股份合作公司、外商投资公司等形式的公司资产总额尚不到煤炭行业资产总额的 20%，其他所有制类型的煤炭企业依然处于附属或者说无关紧要的地位。即使以市场化程度较高的上市煤炭企业为例。截至 2015 年底，38 家煤炭企业中，国有煤炭企业 32 家，占比超过 84%，处于绝对的主体地位。所有国有煤炭企业中，第一大股东全部为国有法人且其平均持股比例达到 52.2%，如果除去国有法人股比重极低的山西焦化（14.22%）和神火股份（23.24%），其余 30 家国有煤炭企业中，国有法人作为第一大股东持股比例最低的是盘江股份，也已经达到 34.48%，处于相对控股地位；32 家国有煤炭企业中，有 19 家公司第一大股东持股超过 50%，处于绝对控股地位；国有股权基本上处于"一股独大"的地位。从第二大股东的情况看，上市国有煤炭企业中，第二大股东平均持股比例为 8.8% 左右，且有 15 家公司的第二大股东依然为国有法人。以"其他"出现的第二大股东，主要是国内的证券投资基金持股、国内非国有法人持股和自然人持股。以我国煤炭百强企业第一位的神华集团和国有煤炭企业中国有法人持股比例最低的山西焦化为例，表 5 - 1 和表 5 - 2 分别呈现了神华集团和山西焦化的股权结构。由此可以看出，目前国内上市国有煤炭企业虽然也力图实现投资主体的多元化，引进国内一般法人、自然人、境外法人等不同性质的投资主体，但其持股比例依然很低，无法有效地参与公司日常的经营管理活动中，基本上无法对公司决策与管理形成有效的监督与制约。我国煤炭企业中，国有股权占据绝对优势地位且股权集中度很高，尤其是国有股作为第一大股东持股比例很高；虽然经过近些年的改革，投资主体多元化取得进展，但多元主体的性质类型在广度和深度上还非常欠缺，其他机构投资者总体上持股比例很低，个人投资者持股比例高度分散。

表 5 - 1　中国神华（601088）前十大股东持股比例（A 股）

机构或基金名称	持有数量（万股）	占总股本比例（%）
神华集团有限责任公司	1453057.45	73.06
中国证券金融股份有限公司	56354.25	2.83
中央汇金投资有限责任公司	11002.73	0.55
中国银行—招商丰庆灵活配置混合型基金	2515.94	0.13
香港中央结算有限公司	1998.28	0.10
全国社保基金五零三组合	1688.00	0.08
中国工商银行—上证 50 交易型开放式指数基金	1543.83	0.08
全国社保基金五零四组合	1500.00	0.08
中国工商银行—南方消费活力灵活配置混合型基金	1401.49	0.07

注：前十大股东累计持有 1870079.6 万股，累计占总股本比为 76.98%。时间截止到 2015 年 9 月 30 日。

资料来源：Wind 资讯数据库。

表 5 - 2　山西焦化（600740）前十大股东持股比例

机构或基金名称	持有数量（万股）	占总股本比例（%）
山西焦化集团有限公司	10886.72	14.22
山西西山煤电股份有限公司	8804.55	11.50
华鑫国际信托有限公司	6400.00	8.36
建信基金公司—民生—华鑫信托•慧智投资 1 号结构化集合资金信托计划	2800.00	3.66
建信基金公司—民生—华鑫信托•慧智投资 2 号结构化集合资金信托计划	2600.00	3.40
建信基金公司—民生—华鑫信托•慧智投资 3 号结构化集合资金信托计划	2200.00	2.87
首钢总公司	1860.00	2.43

续表

机构或基金名称	持有数量（万股）	占总股本比例（%）
柴长茂	800.00	1.04
中国证券金融股份有限公司	510.47	0.67
陈坚民	370.10	0.48

注：前十大股东累计持有 37231.84 万股，累计占总股本比为 48.63%。时间截至 2015 年 9 月 30 日。

资料来源：Wind 资讯数据库。

（二）实际控制权结构的特殊性

根据传统观点，在所有权和经营权分离且股权分散的情况下，股东不参与或者不主导企业治理，所有者和经营者之间信息的非完全和非对称以及所有者与经营者之间的非完备契约，使得所有者对经营者的监督低效，公司的日常经营决策一旦由经营者掌握并实现对资源配置和利益处置的支配，凭借经营权取得剩余索取权和剩余控制权，就会出现所谓的内部人控制现象。Porta（1999）在对发展中国家上市公司的研究中指出，发展中国家股权高度集中的企业中，控股股东直接参与经营管理，或者通过金字塔持股结构强化控制权，并扩大控制权收益和现金流权之间的差距，使得谋取控制权私利的成本降低，所有权和经营权事实上并未发生分离，位于金字塔顶层的拥有终极控制权的才是实际控制人。通过研究我国煤炭上市公司的实际股权结构发现，当大股东是自然人和政府机构（如国资委）时，大股东和实际控制人通常是一致的；当大股东为法人机构时，实际控制人授权法人大股东行使控制权实现对企业的控制，法人大股东的控制权得以强化。在我国煤炭企业高度集中的股权结构下，大股东和企业之间存在较明显的利益协同，这使得日常经营管理者若试图谋取剩余控制权私利，比如过度投资、过度职务消费、通过关联交易进行利益输送等行为，这必然引起大股东利益的明显受损，因此其有动力也有能力参与公司日常治理以有效约束管理者的道德风险；尤其是大股东可以凭借其拥有的所有权向公司董事会派驻代表或兼任总经理直接参与日常经营管理，这使得非股东经营管理者并不具有信息优势和对资源配置、利益处置的高度支配权。这是股权高度集中导致的控股股东内部控制现象。另外，煤炭资源和煤炭产业以及煤炭企业在政府政绩中的特殊地位，加之国有股权的实际所有者缺位，导致管理层的内部人控制。这促使政府往往会通过行政干预强化国有资本的控制权，比如行政任命企业高级管理人员、审批煤炭企业合并、分立、重组、清算等及其他重大投资决策；谢永珍（2006）研究认为，在董事长和总经理两职关系中，两者完全分立的所有上市公司中，国家股比例最低，而在两者完全重合公司中，国家股相对较高，不仅破坏公司内部的制衡机制，也会造成道德风险问题恶化。这导致我国煤炭企业中出现较典型的行政干预下的内部人控制现象。

（三）控制权配置与控制权利益关系的特殊性

在我国当前经济增长转型和产业结构调整的大背景下，煤炭企业也面临着巨大的改革任务。煤炭企业以国有为主，国有股、法人股和公众股是其基本的股权格局。煤炭企业在资源、能源和产业领域的地位和地方政府的特殊关系以及其发展历程中的历史性和地域性特征，其在经济结构调整的过程中需要综合权衡中央和地方政府利益，使得整个煤炭资源被整合为国家分级控制的构成部分。很多煤炭企业的改革采取捆绑、分拆和整体改制的改革模式，使得中央和地方国资管理部门共同控股、专门国有资产经营机构控股和国资委直接控股等有差异的形式。这种控制权结构导致煤炭企业控制权拥有主体存在差异性的控制权利益态度以及获取方式。首先，对于煤炭央企来讲，其产业影响力大，资源整合能力强，对国家经济发展和资源与能源安全意义重大，且受到国内外各种资本和机构的密切关注。这种压力使得其信息披露相对充分和透明。尽管现代治理机制的贯彻尚存较大空间，但来自多方面的监督极大地削弱了央企集团对煤炭企业的控制权利益的谋取动机以及行动能力。其次，对于中央和地方国资机构共同控制的煤炭企业，出于服务地方经济发展的动机，地方政府往往给予政策倾斜甚至以各种手段直接或间接实施市场保护，这直接提高了控股股东的剩余控制权和剩余索取权；为维护地方经济发展和煤炭企业的健康运行，企业、央企控股集团和地方政府之间的密切联系也会稀释控制权私利以及谋取动机。最后，对于地方国资管理部门控股的煤炭企业，也有地方政府的政策倾斜和各种市场保护利益，但由于其承担地方经济改革的成本，且由地方国资委直接控股，少有其他法人利益交织，控制权利益谋取的机会也比较少。上述分析表明，在我国煤炭企业中，控制权私利谋取较严重的是地方国资委和其他机构共同拥有控制权的地方煤炭企业，控制权私利谋取较轻的地方国资委直接拥有控制权的煤炭企业，央企控股上市公司控制权利益谋取的动机和程度最弱。

（四）机构投资者参与公司治理的能力存在差异

经过多年的改革，以煤炭上市公司为例，我国煤炭企业当中已经有多种性质不同的机构投资者。这些机构投资者在治理结构、激励模式、管制制度、组织模式、企业文化等方面存在很大不同，而且这些机构和煤炭企业之间在客户群体、利益关系、资本关系等方面的关联，使其在煤炭企业治理中扮演了不同的角色，有些公开积极介入，有些私下施压，也有些避免与企业管理层的矛盾和冲突。Brickley（1988）和 Cornett（2007）等学者根据机构投资者与企业的业务关联，将机构投资者分为压力敏感（Pressure – sensitive）、压力抵制（Pressure – resistant）和压力不定（Pressure – indeterminate）三种类型。与所投资煤炭企业持续、密切的业务往来使得其干预企业营运时存在顾虑者即为压力敏感型，比如与煤炭企业有融资关系的银行、信托等机构就属于压力敏感型；与所投资煤炭企业在投资关系之外无经济往来者即为压力抵制型，比如投资基金、养老基金等；其他的属于压力不定型。Romano（1993）和 Woidtke（2002）研究指出，受国家影响较大的社会保障基金等，其经营范围、模式、目标受政府干预多，往往不以股东利益最大化为目标，基金与股东之间存在来自于社会发展、制度公平等方面的冲突，这些机构投资者在公司绩效方面关注较少。在国内所有类型的机构投资者当中，财务公司、企业年金等机构起步晚，在煤炭企业中的投资比重低，暂不讨论。在其余的机构投资者当中，证券投资基金的规模最大，姚颐等（2009）认为，基金机构通常能积极参与公司治理；孙立等（2006）认为，QFII与煤炭企业无直接业务往来，受政府影响小，投资理念成熟，投资期限也长，更可能在公司治理方面投入更多精力；信托类投资机构与煤炭企业虽然有直接或间接的各种联系，但通常不会参与公司治理；证券公司和保险公司与煤炭企业的各种经济往来阻碍了其对经理层观点的否定力度，在公司治理方面态度较消极，作用也有限；社保基金等经营范围、模式、目标受政府干预多，虽然属于长期投资和价值投资，但其公权属性以及在所有权和经营权方面的政府制度框架直接束缚了其参与公司治理的积极性。另外，投资周期也影响了机构投资者参与煤炭企业治理的态度。短周期的机构投资者，其持股比重低，进出频繁，换手率高，持股期限短，对公司长远发展兴趣有限，所以对公司的监督和治理态度比较消极；而投资周期较长的机构投资者，对公司长远发展兴趣浓厚，由获取监督租金的动机，比较愿意参与公司治理。以上市煤炭企业为例，我们煤炭企业中的各类机构投资者，通常持股比例都很低且投资周期较短，因此在公司治理方面的贡献也较小。

（五）管理人道德风险问题的特殊性

道德风险问题的研究可以追溯至亚当·斯密[①]，相关概念较早见于保险契约签订后，被保险人出现的主观麻痹以及过度依赖风险保障，或者为了获取保险利益在主观上实施的对保险人不利的现象。新帕尔格雷夫将道德风险定义为"由于不确定性和不完全性或有限的合同，使负有责任的经济行为者不能承担全部损失，因而他们不承担他们行动的全部后果，同样

---

① 亚当·斯密指出："要想股份公司的董事们监督钱财用途，像私人合伙公司成员那样用意周到，那是难以做到的。疏忽和浪费常为股份公司经营上多少难免的弊端。唯有如此，凡属从事国外贸易的股份公司，总是竞争不过私人冒险者。"引自：亚当·斯密. 国富论［M］. 北京：商务出版社，2001.

地也不享有行动的所有好处"①。当前，以国有煤炭企业为例，存在着国家、政府和企业三者之间的双重委托代理关系，使得煤炭企业管理层道德风险的产生除了如个人利益最大化、委托人和代理人信息不对称等一般性原因外，也有如实际发展和改革目标由差距、制衡机制不完善、人员选聘制度不完善和我国资源、能源管理制度不完善等特定问题，使得煤炭企业高管人员道德风险的产生有其特殊性。

首先是实际情况和改革目标的差距。由于我国资源、能源管理体制以及煤炭企业在地方经济发展中的特殊地位，一方面，行政手段对煤炭企业发展的直接禁锢与束缚减弱，但企业又未达到规范的公司治理要求，使得企业在管理上缺乏有效管制与约束，也缺乏有效的监督，加上煤炭企业的重组与改制主体多是国有法人或者国家，煤炭企业的法人财产权尚待进一步厘清，国有股权高度集中，企业经营发展目标易于错位；另一方面，国有煤炭企业的高层管理人员往往体现出政府选拔和任命的特征，很多管理人在观念上也以"政府的人"而非"企业的人"自居，因此在认识上就没有树立独立经营的思想，加之企业发展的结果和个人职业生涯在一定程度上的分异，使得煤炭企业高管既拥有对企业的绝对控制权，又不必承担企业运营的不良后果的全部责任，其对短期利益的过分追求为道德风险的产生提供了温床。

其次是有效制衡机制的不完善。一方面，煤炭产业发展的历史制度原因导致行政干预、影响甚至是强制性手段在煤炭企业发展中还有相当的市场，企业所有权人对高管人员的选拔、考核和激励机制与企业发展目标定位存在一定的矛盾，尚未真正采用市场机制对高管绩效进行考核。另一方面，国家高度集中的股权结构在公司治理中常出现对其他股东利益的不尊重，受到政府影响的董事会、监事会和高管等部门权利和责任架构不清晰或落实不到位，煤炭企业内部不易形成高效的运行制衡机制，奖惩评价机

---

① 新帕尔格雷夫．经济学大辞典（第三卷）［M］．陈岱孙译．北京：经济科学出版社，1996：93.

制不科学不完善，都背离完善的公司治理的要求。更重要的是，国资委作为国家产权的代表，实际中强剩余索取权而弱剩余控制权，缺乏对煤炭企业高管人员进行有效监督的积极性；高管人员拥有强剩余控制权而无剩余索取权，缺乏恪尽职守的激励，极易出现在职不当消费、弄虚作假、关注短期利益、谋取私利等问题。这些都导致我国煤炭企业投资后相关利益冲突和协调的复杂性。从我国的实际情况出发，以下我们将从股权结构中的控制权配置、内部人控制以及投资管理中的道德风险等所产生的冲突角度展开。

二、控制权配置与股权结构中的利益冲突

（一）控制权私利谋取与小股东利益

前已论及，我国煤炭企业的股权结构中的实际控制人多以金字塔形控股结构持有其股权，这为其尽可能地谋取控制权私利提供了便利条件；金字塔形股权持有结构带来的控制权关系的复杂性使得控制权拥有主体可以比较容易地操纵煤炭企业的存量资产，或者通过各种关联交易，在不影响其实际控制权的基础上，维持和强化其控制权以最大化控制权收益。以下我们借鉴 Mickiewic（2001）研究建立控制权私利谋取模型，来分析大股东对控制权私利谋取及其与小股东利益的关系。

假设在市场上，甲公司的控股股东乙也有自己的控股股东。这里我们将乙称为控股股东，乙的控股股东称为终极控制人。在这个双层金字塔股权结构中，为便于分析，我们称甲乙之间的控股关系为金字塔持股结构基础层级，乙和自己的控股股东即终极控制权人之间的持股关系成为金字塔

上层层级；令控股股东乙的效用函数为 $U(b,\pi) = \pi - c + \alpha\int(x^{\eta} - rb)\mathrm{e}^{-rt}\mathrm{d}t$，且 $U' > 0, U'' < 0$，乙持股甲的比例为 α，且 $\alpha \in (0,1)$，终极控制人控制的乙的现金流权是 $\prod\limits_{i=1}^{n}\kappa_i$；控制权私利为 π，c 是获取控制权收益的成本，成本主要是诉讼成本和破产成本构成，且满足 $c(0) = 0$，$c(\pi) < \pi$，$c > 0$，$c' > 0$，$c'' > 0$，说明谋取控制权私利的过程就是产生司法成本和破产成本的过程，谋取私利越多，成本越高，控制权私利总是大于控制权私利的谋取成本。因此，终极控制人控制的甲的股权比例为 α，拥有的甲的现金流权为 $\alpha\prod\limits_{i=1}^{n}\kappa_i$；由于甲乙之间和乙与终极控制人之间都非完全持股，所以存在 $\alpha > \alpha\prod\limits_{i=1}^{n}\kappa_i$；若甲企业将项目建设所需资金 x 在权益融资和债务融资上进行分配，设通过负债筹集资金 b，利息为 i，且负债资金的净产出即负债扣除负债带来的控制权增益后的产出一定要大于资金成本，否则控制权人将不会从资本结构的调整中获取控制权私利；项目在未来所能产生的净盈利为 $x^{\eta} - ib$，η 为资本产出率，r 为贴现率。

（1）金字塔基础层级：现金流权和控制权不分离，不存在金字塔形式的股权结构。

在基准状态下，控股股东追求个人收益的效用最大化，即

$$\max U(b,c) = \pi - c + \alpha\int(x^{\eta} - rb)\mathrm{e}^{-rt}\mathrm{d}t$$

$$\text{s. t. } (b - \pi)^{\eta} > ib \tag{5-1}$$

在企业持续经营假定下，根据最优化一阶条件

$$\begin{cases} \dfrac{\alpha\eta(b-\pi)^{\eta-1}}{r} \dfrac{\alpha i}{r} - \varphi i + + \varphi\eta(b-\eta)^{\eta-1} = 0 \\[2mm] \dfrac{\alpha\eta(b-\pi)^{\eta-1}}{r} + 1 - c - \varphi\eta(b-\eta)^{\eta-1} = 0 \\[2mm] \varphi[bi - (b-\pi)^{\eta}] = 0 \\[2mm] (b-\pi)^{\eta} > ib \end{cases} \tag{5-2}$$

可以得到最优状态下的成本与融资结构

$$c_{\pi^*} = 1 - \frac{\alpha i}{r}, \ b^* = \left(\frac{i}{\eta}\right)^{1-\eta} + \pi^* \tag{5-3}$$

（2）金字塔股权结构的上层层级：现金流权和控制权分离，终极控制人出现。

终极控制人追求效用最大化时，在式（5-1）的目标函数中加入终极控股权人对乙的现金流权，即

$$\max U(b,c) = \pi - c + \alpha \prod_{i=1}^{n} \kappa_i \cdot \alpha \int (x^{\eta} - rb) e^{-rt} dt$$

$$s. t. \ (b - \pi)^{\eta} > ib \tag{5-4}$$

在企业持续经营假定下，根据最优化一阶条件

$$\begin{cases} \dfrac{\alpha \prod_{i=1}^{n} \kappa_i \eta (b - \pi)^{\eta-1}}{r} \dfrac{\alpha i}{r} - \phi i + + \phi \eta (b - \eta)^{\eta-1} = 0 \\[4mm] \dfrac{\alpha \prod_{i=1}^{n} \kappa_i \eta (b - \pi)^{\eta-1}}{r} + 1 - c - \phi \eta (b - \eta)^{\eta-1} = 0 \\[4mm] \phi [bi - (b - \pi)^{\eta}] = 0 \\[2mm] (b - \pi)^{\eta} > ib \end{cases} \tag{5-5}$$

可以得到最优状态下的成本与融资结构

$$c_{\pi^{**}} = 1 - \frac{\alpha \prod_{i=1}^{n} \kappa_i i}{r}, \ b^{**} = \left(\frac{i}{\eta}\right)^{1-\eta} + \pi^{**} \tag{5-6}$$

考虑到 $\alpha > \alpha \prod_{i=1}^{n} \kappa_i$, $c > 0$, $c(\pi) < \pi$, $c' > 0$, $c'' > 0$, 存在：$\left(1 - \dfrac{\alpha \prod_{i=1}^{n} \kappa_i i}{r}\right)$ $> \left(1 - \dfrac{\alpha i}{r}\right)$, $\pi^{**} > \pi^*$, $\left[\left(\dfrac{i}{\eta}\right)^{1-\eta} + \pi^{**} \right] > \left[\left(\dfrac{i}{\eta}\right)^{1-\eta} + \pi^* \right]$, 即在金字塔股权结构下，资本结构表现出更高的财务杠杆水平，终极控制人得到大于非金字塔格局下控制权私利。这意味着终极控制人存在着在不影响控制权的情况下尽可能降低持股比例、加大公司财务杠杆来尽可能获取控制权私利的动

机。对于债务资本具有控制权的大股东权益资本和不具有控制权的小股东权益资本来讲，过高的财务杠杆并不符合债权人的利益，而且以高财务杠杆为中介工具使得控制权私利的提高也是终极控制人对小股东利益的侵占。这也说明，完善的公司治理机制下，通过激励机制来弱化控制权人对私利的谋取和对大股东权利的有效制衡是一个非常重要的问题。

（二）机构投资者监督与管理层私利

依据委托—代理理论，通过有效的内部和外部制衡机制，可以有效地解决代理成本的问题。但产权交易市场的事实告诉我们，内外部的制衡机制必须协同运行，单靠外部或者内部的监督与制约可能并不能达成预期的目标。外部制衡有赖于监管制度和市场运行的有效性，内部制衡需要各投资主体能够积极介入公司治理当中，这要求机构投资者的积极行动（Gillan，2000）。机构投资者由于持股比例较大，其在产权市场上的行动可以向外界传递较明确的、其关于公司高管层管理决策的态度，并构成对高管层的压力或者支持。机构投资者常见的消极行动就是面对高管层的不当决策，选择退出或者保持缄默，前者是逃避后者是容忍，都不利于公司的健康发展和治理的完善；其常见的积极行动是通过各种渠道对高管层的决策表达意见，形成压力，推动其决策与行为优化，这也是其对内部制衡机制完善和维护投资者利益要求的积极回应。

根据委托—代理理论，我们提出以下假设：

（1）主体及其行为假设：煤炭企业的市场价值为 v，高管层工作的尽职付出程度为 e（e 可以理解为尽职付出的成本）且和 v 之间存在正相关性，相关系数为 ρ；高管层工作得到固定的薪酬 w，但其管理下公司的良好业绩能带来其他好处；机构投资者对高管层工作的监督产生监督成本 c，积极的监督对 e 和 v 带来正的影响。高管层尽职付出记为 e^g，实现公司价值 v^g；高管未尽职付出记为 e^b，为简单起见，假设 $e^b = 0$，此时实现公司价值 v_b，存在 $v^g > v^b$；高管层可以自主决定是否尽职付出。机构投资者可以自行决定是否积极监督与约束，若机构投资采取积极态度，面对不作为的高管人员实施解聘。

（2）市场信念假设：高管层的效用函数 $u(w, e)$ 为公共知识，高管层选择尽职付出 e^g，实现的效用为 $u(w, e) = w + \rho v^g - e^g$；高管层选择非尽职付出 e^b 时，若机构投资者积极监督和约束，由于机构投资者可以在事后观察到高管层工作付出情况，因此管理层实现效用 $u(w, e) = w$；若机构投资者不积极监督和约束，高管层实现效用 $u(w, e) = w + \rho v^b$；机构投资者根据持股比例 λ 分享公司盈余 λv。

此时，机构投资者和高管层的支付矩阵如图 5 - 1 所示。

机构投资者

		监督	不监督
高管 人员	尽职	结果1： $(w + \rho v^g - e^g,\ \lambda v^g - c)$	结果2： $(w + \rho v^g - e^g,\ \lambda v^g)$
	不尽职	结果3： $(w,\ \lambda v^b - c)$	结果4： $(w + \rho v^b,\ \lambda v^b)$

图 5 - 1 机构投资者和高管人员的支付矩阵

状态1：机构投资者和高管人员进行一次性博弈。

在这种状态下，如果高管人员决定尽职与否的同时机构投资者决定要不要积极监督与约束，虽然事后彼此行为可以被观察，但各自决策时并不知晓对方的行为选择。比较结果1和结果2，高管人员选择尽职付出时，由于 $\lambda v^g > \lambda v^g - c$，他知道机构投资者的优选行为是不监督；结果2出现；比较结果3和结果4，如果高管人员选择不尽职工作，由于 $\lambda v^b > \lambda v^b - c$，他知道机构投资者的优选行为是不监督，结果4出现；一旦意识到自己尽职与否机构投资者的优选行动都是不监督时，高管人员就会选择不尽职，最终的博弈结果就是机构投资者不监督两位高管人员非尽职工作。

状态2：机构投资者和高管人员进行多次博弈。

在连续多次博弈的情况下，由于在事后博弈双方的行动可观察，此时机构投资者在第一阶段中由于高管人员不尽职工作而对其进行解聘事实，在第二阶段博弈中将构成对继任高管的可置信威胁，从而构成高管人员尽职工作的积极压力，一旦 $\rho v^g - e^g > \rho v^b$，其将选择尽职工作，当然，这个条件的满足需要规范的内部治理机制和激励机制来配合；对于机构投资者来讲，由于其长期持股，会带来其对长期利益的关注，如果各期监督的成本总和小于其长期监管的收益，在长期范围内，实施监督将是优选行动，并且形成积极行动的良好声誉，因此，在长期范围内连续多期博弈的情况下，博弈双方的优选行动是机构投资者实施积极行动进行监督，而高管人员采取尽职付出的行动，结果 1 是长期均衡状态。从机构投资者积极参与公司治理的角度看，需要产权市场有良性的激励和约束机制，以及正确的投资态度；而且，内部有效的制约机制的形成也要求存在有关完善公司治理机制的制度框架。

（三）机构投资者监督与大股东私利

我国煤炭企业中过度集中的持股和监督约束机制不健全相互叠加，使得煤炭企业投资运营过程中，大股东凭借集中持股谋取私利具有很高的现实性。大股东尤其是拥有控制权的大股东和中小股东之间的利益冲突成为公司治理中的关键问题（冉戎，2011）。现实中，和大股东对维护自己权益的实施措施不同，小股东并不直接参与公司经营管理，且无法通过介入董事会来有效监督和制约公司决策来维护自己的权益，这使得在大股东和小股东之间存在事实上的委托—代理关系。在这个委托—代理问题中，由于监督的不可执行或者监督成本过高而不愿执行，小股东往往会放弃自己参与公司治理的权利而采取消极的容忍态度，在参与公司治理问题上的搭便车心态恶化相关问题的解决。与此不同，机构投资者的持股比例一般比较高，推动公司治理完善所带来的潜在收益比较大，而且机构投资者也可以凭借介入董事会决议形成过程、干预董事会成员选举或者直接与大股东直接协商等方式参与公司治理，形成对公司经营管理层和大股东的直接监督与制衡。考虑到拥有控制权的股东往往会进入董事会甚至兼任高管人员的事实，在以下分析中，为突出大股东和机构投资者之间的利益冲突，我们借鉴博弈论相关模型，可以进一步明晰上述冲突及其协调机制。

市场主体假设：市场上的某企业，利润为 R；只有一个甲大股东和乙机构投资者，两者持有企业的全部股份，比例分别为 λ 和（$1-\lambda$）；大股东以 c_1 的成本获取 π 的私利，机构投资者介入公司治理的成本为 c_2，机构投资者的积极监督行为能有效遏制大股东私利谋取行为。

信念与行为假设：甲乙双方的收益函数为公共知识；博弈中，甲、乙同时做出行为选择；对于大股东私利，甲可以选择以 φ 的概率谋取大股东私利或者以（$1-\varphi$）的概率放弃大股东私利谋取；相应地，机构投资者可以选择以 ϕ 的概率监督大股东谋取私利或者以（$1-\phi$）的概率放弃监督大股东私利谋取。

可能的结果状态1：大股东选择以 φ 的概率谋取大股东私利，而机构投资者选择以 ϕ 的概率监督大股东行为。此时，大股东获得收益 $\phi(\lambda R-c_1)$，机构投资者获得收益 $\varphi[(1-\lambda)R-c_2]$。

可能的结果状态2：大股东选择以 φ 的概率谋取大股东私利，而机构投资者选择以（$1-\phi$）的概率不监督大股东行为，此时，大股东获得收益 $[(\lambda R-c_1)+(1-\lambda)\pi](1-\phi)$，机构投资者获得 $\varphi[(1-\lambda)(R-\pi)]$。

可能的结果状态3：大股东选择以（$1-\varphi$）的概率放弃谋取大股东私利，而机构投资者选择以 ϕ 的概率监督大股东行为，此时，大股东获得收益 $\phi\lambda R$，机构投资者获得收益 $(1-\varphi)[(1-\lambda)R-c_2]$。

可能的结果状态4：大股东选择以（$1-\varphi$）的概率谋取大股东私利，而机构投资者选择以（$1-\phi$）的概率不监督大股东行为，此时，大股东获得收益（$1-\phi$）λR，机构投资者获得（$1-\varphi$）$[(1-\lambda)R]$。

上述行为选择的混合纳什均衡策略满足

$$\varphi[(1-\lambda)R-c_2]+(1-\varphi)[(1-\lambda)R-c_2]=\varphi[(1-\lambda)(R-\pi)]+$$
$$(1-\varphi)(1-\lambda)R\phi(\lambda R-c_1)+(1-\phi)[\lambda R+(1-\lambda)\pi-c_1]=$$
$$\phi\lambda R+(1-\phi)\lambda R \qquad\qquad (5-7)$$

解得

$$\begin{cases} \varphi = \dfrac{c_2}{(1-\lambda)\pi} \\ \phi = 1 - \dfrac{c_1}{(1-\lambda)\pi} \end{cases}$$

对于大股东来说，若 $(1-\lambda)\pi > c_1$，其将选择以 $\varphi = \dfrac{c_2}{(1-\lambda)\pi}$ 的概率实施谋取大股东私利的行为。

对机构投资者来说，若 $(1-\lambda)\pi > c_2$，其将选择以 $\phi = 1 - \dfrac{c_1}{(1-\lambda)\pi}$ 的概率监督大股东行为。

说明机构投资者持股比例越高，采取监督行为的概率越高，大股东谋取私利的动机越弱，意味着机构投资者的监督和制衡效果越好。为进一步明确机构投资者在什么条件下会采取监督行动，假设机构投资者行为的收益函数为 $U = \tilde{R} - c_2$，其中机构投资者监督行为 e 的收益增量 $\tilde{R}$ 是 e 的二次函数 $\tilde{R} = \delta e - \mu e^2$，监督成本 c_2 是监督行为 e 的线性函数 $c_2 = \varepsilon e$，因此得到机构投资者监督行为收益为

$$U = \tilde{R} - c_2 = \delta e - \mu e^2 - \varepsilon e \tag{5-8}$$

机构投资者收益最大化的一阶条件为

$$\frac{\partial U}{\partial e} = \delta - 2\mu e - \varepsilon = 0 \tag{5-9}$$

得到

$$e^* = \frac{\delta - \varepsilon}{2\mu} \tag{5-10}$$

考虑到 $\dfrac{\partial e^*}{\partial \varepsilon} = -\dfrac{1}{2\mu} < 0$，说明机构投资者的监督行动的实施与边际监督成本变化有反向关系；当边际收益大于边际成本时，机构投资者将倾向于采取监督行动，且边际监督成本越低采取监督行动的动机越强。机构投资者是否介入公司治理当中并发挥积极作用，不仅与持股比例具有正向关系，也与监督成本有关，这进一步说明机构投资者的积极监督不仅是企业中股东之间的矛盾冲突，其协调机制也需要以良好和健全的外部制度环境

来保障一个较低的边际监督成本。

三、企业投资营运管理中的道德风险

（一）内部股东与高管层的合谋风险

在企业中，董事会是股东所有权行使的代理机构，其存在转换委托—代理关系的表现形式。理论上，董事会的存在可以实现对企业经营管理决策的监督以确保所有者利益，实际上，董事会是否能做到或者有足够的意愿这样做是一个重大的现实问题。进入董事会能直接干预高管层经营管理决策的股东不妨称为内部股东，而将其所代表的未能进入董事会的股东称为外部股东。考虑到内部股东和高管层在日常经营管理中的密切接触，我们在事实上无法保证内部股东能够公平公正地履行职责，而不会为某种私利而与高管层合谋。一旦中小股东利益保护的司法软弱，内部股东的权力滥用或者与高管层的合谋就会损害外部股东的利益。为了较清晰地看出合谋所导致的内部股东和外部股东的利益冲突，以下借鉴 Tirole 关于政府管制的合谋模型和王国兵（2005）的简化处理模型，来分析外部股东将相关权利委托给内部股东后，合谋的可能性以及对外部股东利益的影响。我们提出以下假设：

（1）存在三方当事人，外部股东 C、内部股东 B（董事会）和高管层 A。内部和外部股东风险中性。

（2）高管层付出成本为 e，外部股东不能观察高管层的成本但可以预期其以概率 p 付出成本 $\underline{e}$，以 $1-p$ 的概率付出成本 $\overline{e}$，且 $\overline{e}-\underline{e}>0$；若高管层付出，外部股东的总剩余为 s；若高管层不付出，外部股东的总剩余为 0。

（3）外部股东给予高管层的支付为 w，高管层的产出概率为 x；高管层的效用函数为 $U = w - ex$，没有董事会时，委托人的福利为 $W = sx - w$；存在董事会时，若董事会收益为 $\hat{w}$，则委托人的福利为 $W = sx - w - \hat{w}$。

（4）董事会不直接接入高管层的经营管理工作，但对其付出情况可以观察到一个信号 $\sigma \in \{\underline{e}, \varphi\}$；若高管层付出成本 $\underline{e}$，内部股东实施监督，以 ρ 的概率得到 $\underline{e}$ 下的工作产出，以（$1-\rho$）的概率得到 0；若高管层付出成本 $\bar{e}$，意味着内部股东未发现问题。内部股东提供监督结果报告 $\gamma \in \{\sigma, \phi\}$，若 $\sigma = \phi$ 表示内部股东未发现问题，若 $\sigma = \underline{e}$，内部股东可以将信息提供给外部股东也可隐瞒这个信息。

假设开始阶段，高管层类型属于其私人信息，内部股东需要观察和判断高管层的类型。在我们的处理中，外部股东为委托人，委托内部股东代行监督权，委托高管层代行经营管理权；内部股东和高管层在一开始就知道自己职责的收益，即董事会得到 $\hat{w}$ 的支付，高管层得到 w 的支付；进一步设定在经营管理过程中，若高管层和董事会不能达成合谋，则董事会向外部股东公开有关高管层的真实类型；高管层和董事会若达成合谋，董事会得到高管层的支付为 $k\theta$，即高管层合谋收益为 θ，董事会得到合谋收益的比例为 k；在合谋的情况下，董事会和高管层向外部股东提供虚假的相关信息。

结果状态 1：高管层和董事会未能达成合谋协议。

在未能合谋的结果状态下，董事会没有合谋收益，$\hat{w} = 0$，并将相关真实信息提供给外部股东；若 $\gamma = \underline{e}$，则 $w = \bar{e}$；若 $\gamma = \phi$，此时 $w = \bar{e}$。这种状态下，外部股东的福利为 $W^* = s - \bar{e}$。

结果状态 2：高管层和董事会达成合谋协议。

合谋的情况下，董事会得到高管层的支付为 $k\theta$。若董事会观察到 $\sigma = \underline{e}$，但其可以隐瞒也可以诚实报告信息。若董事会得到的支付为 $\sigma = \varphi$ 时的支付，只要高管层给予其正支付，合谋就会被激发；如果董事会隐瞒信息，委托人向高管层的支付 $w = \bar{e}$。此时，高管层得到 $\bar{e} - \underline{e}$，高管层向董

事会支付 $\hat{w} = k \cdot (\bar{e} - \underline{e})$。此时，委托人的福利将会下降。但是，委托人也可以不使用董事会提供的信息或者说不向董事会授权（比如自己直接介入董事会），没有董事会，委托人的福利为 $W^* = s - \bar{e}$。这意味着只要解除董事会的代理处置权，委托人就可以消除合谋。这提醒我们，合谋问题的解决需要凭借良好的制度安排使得外部股东可以有效地弱化董事会不当的自由裁量权，就可以有效地弱化高管层和董事会合谋的产生。

（二）高管人员隐藏信息的道德风险

煤炭企业在投资后的管理开始前，股东尤其是国有股股东很难直接介到入营运管理过程中，因此必须在市场上聘请高管人员并签订委托代理契约，股东可以提出关于高管人员能力或努力（记为 e）所需达到的水平，但是股东和高管人员之间存在信息上的不对称，高管人员的日常管理行为要么不能被委托人所观察，要么虽然可以观察但不可证实，即契约中存在道德风险，这种特征使得股东关于高管人员能力或努力水平的要求不能被包含在契约条款中。因为，若包含在契约条款中，但股东认为高管人员违约时，司法部门就缺乏明确的依据进行裁量。为弄清楚这种情况下的最优契约特征以及对道德风险制约的条件，以下我们在委托代理框架下，从双方博弈的角度来展开分析，两者博弈的整体方案如图 5-2 所示。最初股东设计契约并提供给高管层，高管层作为代理人根据委托人提供的契约条款决定是否接受，若接受契约并签订，高管层必须决定其努力水平，最后完成相关支付。

图 5-2 委托人与代理人博弈的时序方案

图 5 - 2 中，自然解的概念是子博弈完备均衡。博弈最后阶段，代理人关于最优付出做出选择。这个博弈可以分为三个阶段：第三阶段中代理人的选择必须满足激励相容约束，一旦接受契约，代理人将选择最大化其目标函数的行为，即解决问题——契约形成对代理人的激励以弱化道德风险；第二阶段中，若给定代理人付出的努力和契约条款，代理人接受与否应满足参与约束，即解决问题——契约的条款设计必须保证代理人能够接受；第一阶段由委托人设计契约，预期代理人的行为，解决问题——契约设计必须保证在约束条件下最大化自己收益的目标实现。

为便于分析，我们假设：作为委托人的股东风险中性，作为代理人的高管人员风险规避。代理人在努力水平高（e^H）和努力水平低（e^L）之间做出选择，即 $e \in \{e^H, e^L\}$；高管层的工作产生负效用 $v(e)$，满足 $v' > 0$，即 $v(e^H) > v(e^L)$；委托人的收入，即高管人员努力工作所产生的结果集合，记为 $X \in \{x_1, x_2, \cdots, x_n\}$，并假设所有的结果可以进行优劣排序 $x_1 < x_2 < \cdots < x_n$；针对不同的结果，委托人向代理人支付 $w(x_i)$，带给高管层的效用为 $u[w(x_i)]$；令 $p_i^H = p_i(e^H)$ 表示代理人努力工作时获得结果 x_i 的概率，$p_i^L = p_i(e^L)$ 表示代理人不努力工作时获得结果 x_i 的概率，$i \in \{1, 2, 3, \cdots, n\}$，且对 $\forall x$，有 $\forall p > 0$。记高管层的保留效用为 $\underline{U}$；委托人偏好高管人员努力工作[①]时，我们需要良好地设计契约，在该契约下，代理的支付取决于其获得的结果。此时，激励相容条件为

$$\sum_{i=1}^{n} p_i^H u[w(x_i)] - v(e^H) \geqslant \sum_{i=1}^{n} p_i^L u[w(x_i)] - v(e^L)$$

即

$$\sum_{i=1}^{n} (p_i^H - p_i^L) u[w(x_i)] \geqslant v(e^H) - v(e^L) \qquad (5-11)$$

这说明，一旦高管人员努力工作产生的预期效用大于努力付出所蕴含

---

① 委托人偏好高管人员努力地工作。因为若偏好不努力，道德风险将不存在。此时，给予固定支付给高管人员，他就会选择不努力或低努力水平，因为这将最大化高管人员的效用或者最小化其努力的负效用。

的成本负效用，高管人员就会自觉选择自己的状态 e^H。为解出最优契约，对于委托人，应满足

$$\max_w \sum_i p_i^H [x_i - w(x_i)]$$

$$\text{s. t. } \sum_{i=1}^n p_i^H u[w(x_i)] - v(e^H) \geqslant \underline{U}$$

$$\sum_{i=1}^n (p_i^H - p_i^L) u[w(x_i)] \geqslant v(e^H) - v(e^L) \tag{5-12}$$

为解出博弈第二阶段所需满足的库恩—塔克条件，该系统的拉格朗日函数为

$$L(w,\lambda,\mu) = \sum_i p_i^H [x_i - w(x_i)] + \lambda \left\{ \sum_{i=1}^n p_i^H u[w(x_i)] - v(e^H) - \underline{U} \right\} + \mu \left\{ \sum_{i=1}^n (p_i^H - p_i^L) u[w(x_i)] - v(e^H) + v(e^L) \right\} \tag{5-13}$$

对式（5-13）中的 w 求导，最优化的一阶条件为

$$\frac{p_i^H}{u'} = \lambda p_i^H + \mu(p_i^H - p_i^L), \quad i = 1, 2, 3, \cdots, n \tag{5-14}$$

将式（5-14）从 $i=1$ 到 $i=n$ 求和，得到

$$\lambda = \sum_i \frac{p_i^H}{u'} > 0 \tag{5-15}$$

若库恩—塔克条件满足，且此时得到最优契约或者说化解道德风险的良好契约特性为

$$\frac{1}{u'} = \lambda + \mu\left(1 - \frac{p_i^L}{p_i^H}\right), \quad i = 1, 2, 3, \cdots, n \tag{5-16}$$

为了更清楚地看出契约特征，继续假设式（5-16）中的似然比满足单调似然比特性，那么可以得到

$$w(x_i) = (u')^{-1} \left[\frac{1}{\lambda + \mu\left(1 - \frac{p_i^L}{p_i^H}\right)} \right] \tag{5-17}$$

在式（5-17）中，对于 $\frac{p_i^L}{p_i^H} = 1$ 的 x_i，$w(x_i) = (u')^{-1} \frac{1}{\lambda} = \bar{w}$ 可以成为

一个参照，若 $\dfrac{p_i^L}{p_i^H} > 1$，则 $w < \bar{w}$；若 $\dfrac{p_i^L}{p_i^H} < 1$，则 $w > \bar{w}$。

库恩—塔克条件强调 $\mu > 0$[①]，此时代理人得到的支付根据其行为的结果变动。尤其是，结果 x_i 传递努力水平为 e^H 的精确度的似然比 $\dfrac{p_i^L}{p_i^H}$ 越小，委托人给予代理人的支付就越高，这样的契约安排将形成对代理人道德风险的良好激励。

（三）煤炭资源投资开发的道德风险

根据我国的资源和能源管理制度，由于煤炭资源的产权属于国家，但国家本身并不具备直接开采煤炭的行为条件，拥有煤炭开采行为能力的企业却不拥有煤炭资源的所有权。因此，煤炭资源的开采需要在国家和企业之间签订煤炭开采的契约，但该契约缔结中存在不对称的信息。国家并不能直接观察到相关企业在煤炭资源开采中付出的努力或者观察到的信息不可证实，这意味着，不完备的信息条件必须被包含在契约当中。国家的目标是最优地管理煤炭资源以保证最适度的开采。下面我们将考察该契约的特征。

假设企业在开采活动中付出的努力为 e 且不可观察或可观察但不可证实，煤炭资源的可能储量为 X，最终开采水平为 x，且三者之间存在某种关系；定义企业努力行为的集合为 $\{e_1, e_2, \cdots, e_n\}$，开采量的集合为 $\{x_1, x_2, \cdots, x_n\}$；令 $P_j(e) = prob(x_i | e)$ 是努力为 e 时出现结果 x_j 的概率，且对于 $\forall j$，e 有 $P_j(e) > 0$，$\sum P = 1$；过度开采时国家的损失，因此假设国家设定开采量为 x 的价格 $\alpha(x)$，风险中性的委托人的目标函数为 $E\{\pi[x(e)] - \alpha[x(e)]\}$，$\pi(x(e))$ 是国家从契约中的得益，$\alpha(x)$ 是过度开采的成本；企业付出 $v(e)$ 的成本展开开采，并为此产生一个基于最终开采量的支付 $\pi[x(e)]$，企业的目标函数为 $u(x, e) = u[px - \pi(x) -$

---

① $\mu = 0$ 则得到对称信息下的结果，严格为正的 μ 意味着激励相容约束的影子价格严格为正，道德风险是存在的。

$v(e)$]，p 是单位开采量的市场价格，$u' > 0$，$u'' < 0$，$v' > 0$，$v'' \geqslant 0$，$\underline{U}$ 是企业的保留效用。由于努力不可证实，所以企业客观上存在过度开采的倾向。国家试图通过该契约诱导企业选择较低的开采水平来限制对环境的破坏。在参与约束和激励相容约束满足时，契约最大化国家的收益。

$$\max_{\pi,x} \sum_{j=1}^{n} P_j(e^*)[\pi(x) - \alpha(x)]$$

$$\text{s. t. } \sum P_j(e^*)u[px_j - \pi(x_j)] - v(e^*) \geqslant \underline{U}$$

$$\sum P_j(e^*)u[px_j - \pi(x_j)] - v(e^*) \geqslant \sum P_j(e^i)u[px_j - \pi(x_j)] - v(e^i)$$

$$(5-18)$$

对于所有的 $e^i \neq e^*$ 式（5-18）都满足。

对式（5-18）引入拉格朗日乘子 λ，μ，求解库恩—塔克条件

$$\frac{1}{u'} = \lambda + \sum \mu \frac{P_j(e^*) - P_j(e^i)}{P_j(e^*)} \qquad (5-19)$$

如果在式（5-19）中不考虑激励相容约束影响，则得到对称信息下的结果 λ'，企业此时获得的支付取决于开采的市场价格

$$\lambda' = \frac{1}{u'[px_j - \pi(x_j)]} \qquad (5-20)$$

式（5-20）意味着对于所有的 j，$px_j - \pi(x_j)$ 必须是定常的，令其定常值为 k，则 $\pi = px - k$，即国家将对企业进行固定支付 k 后获得相应的结果。

在非对称信息下，企业获得的支付取决于开采水平。假设开采量被区分为两种 x^H 和 x^L 且 $x^H > x^L$；企业付出努力越多，得到的开采量越大，所以对应于所有的努力水平 $e > e^*$，$[P^H(e^*) - P^H(e)] < 0$，而 $[P^L(e^*) - P^L(e)] > 0$，根据式（5-19），有

$$\frac{1}{u'(px^L - \pi x^L)} - \frac{1}{u'(px^H - \pi x^H)} > 0 \qquad (5-21)$$

考虑到 $u' > 0$，$u'' < 0$，一定存在

$$\pi(x^H) - \pi(x^L) > px^H - px^L \qquad (5-22)$$

式（5-22）说明能有效遏制道德风险的最优契约特征一定是，当企

业开采量很大时，企业支付给国家的应大于国家在市场上的所得，即应得支付的增加大于收益的增加。也就是说，超量开采向国家的支付应该大于超量开采的市场价值，因此最大的开采水平应该不纳入最优的契约中。

第六章
多元投资主体与煤炭企业投资
管理的激励机制

在我国当前的煤炭企业管理体制下，煤炭企业的所有权结构使其投资后的管理过程中，对管理者的激励是具有一定特殊性的重要问题。随着企业投资活动的展开，煤炭企业生产规模和市场行为拓展，经营管理的链条不断延伸；投资主体的多元化使得全部所有者都涉入日常经营管理变得不可行，将日常投资管理权授予部分管理人员又加剧了所有权和经营权分离的情况，使得所有者实施监督的难度加大。这意味着，煤炭企业投资后的管理过程中激励机制所解决的焦点问题，由原来以弱化国有资产所有者缺位的相关问题转向所有者群体与其授权的管理者群体之间的关系协调。在所有者授权管理的情况下，管理者很有可能利用掌握的权力谋取私利，造成所有者的损失。其本质是在信息不对称和不确定性环境下，所有者和管理者目标函数不一致，后者的行为可能偏离所有者的目标函数而加剧代理成本。这个问题的缓解需要在煤炭企业内部和外部建立起相关的激励约束制度。在前一章中，我们已经就我国煤炭企业投资后的利益冲突问题进行了分析，并探讨了其利益协调机制。承接前述内容，本章继续就投资管理过程中的激励问题进行分析。

一、投资管理激励机制的逻辑基础

（一）煤炭企业高层管理者激励的重要性

企业高层管理人员的工作行为是影响企业投资绩效和管理水平的重要因素。在我国当前的资源和能源管理制度下，煤炭企业中国有股权占比较高的局面，使得煤炭企业治理过程中国有资产所有者缺位问题尚未完全解决，投资主体多元化的实施，又在此前问题的基础上叠加了所有者群体与其授权的管理者之间的关系处置问题。从实际情况来看，高层管理人员对煤炭企业的投资管理拥有较大的实际控制权使得对高层管理人员的激励成为一个重要问题。如何有效地激励这个特殊工作群体，促使其恪尽职守，充分发挥工作潜力，为所有者创造更大的价值，已经成为煤炭企业投资后管理过程中的焦点问题之一。这个问题的解决不仅涉及如何配置与形式控制权，而且如何恰当地监督、评价和激励高层管理人员也是公司治理中的重要环节和重要问题。为此，我国很多煤炭企业开始在高层管理人员中实施股权激励，甚至以股票形式支付部分或者全部的高管人员报酬。对此，一些学者指出，高管人员的持股情况是董事会效率高低的重要影响因素，因为，一旦高管人员拥有盈余分配权，公司绩效低下将直接损害自身的利益。[①] 很显然，高管人员持股成为公司激励机制的重要方式之一。Rajan 和 Zingales（1995）的研究中指出，基于公司性质变化的实际情况，公司治理所需要解决的重要问题应该从减少管理人和所有权人之间的代理成本转向对人力资本的激励问题上。其实，无论是直接着眼于解决代理成本问题

---

① 鲁桐，仲继银. 公司治理：董事与经理指南［M］. 北京：中国发展出版社，2008.

还是置人力资本的激励问题于极端重要的地位，其在本质上都是解决代理成本问题。这反映出对公司有效治理问题关注视角的调整。

现在，有效激励高层管理人员的重要性已经成为共识。从所有者利益的最大化和公司利益最大化的角度看，高管人员的有效激励能够吸引更优秀的管理人员加入公司发展中，同时也有助于尽可能地留住有能力的高层管理人员。人力资本的持续积累能为公司的长远发展提供重要的、高水平的劳动力要素。根据 Maslow（1943）的需求层次理论，报酬的大小是吸引和留住优秀人才的关键因素，而股权激励作为一种将管理者的利益和所有者利益有效结合的手段，使得管理者在一定时间内实现一定的经营绩效将能够使得自身的利益提高，从而使得公司人力资本能够持续积累。① 而且，合理的激励机制也能使被激励群体尽职工作。在委托—代理框架下，如果将高层管理者的报酬水平和其行为绩效挂钩，追求个人效用最大化的高层管理者势必会为了获得更高的报酬而更加努力地工作，在赋予其盈余索取权的情况下，个人利益和公司利益、所有者利益在一定程度上的一致将使高层管理者的行为和企业目标相协调，促使高管人员的目标函数和所有者的目标函数产生更多的交集，从而降低公司治理中的代理成本。

回到我国大多数煤炭企业股权结构的现实，在国有股权占据绝对控制地位的情况下，无论股东的性质类型如何广泛都难以改变政府是最大股东的事实。由此，董事会中属于政府这个最大投资人的席位一般被赋予政府派出企业的产权代表，政府也授权产权代表在公司重大事项表决中拥有事实上的决定权，这在事实上无法改变国有股权缺乏人格化所有权人的根本性问题。这意味着所有权与经营权分离带来的委托—代理以及管理者激励依然是我国煤炭企业投资管理中重要的问题。国家为保障国有股权利益也进行了一系列改革和相应的制度安排，但有关煤炭企业内部治理中的监督约束和激励机制的理论和实践仍然有必要做进一步探讨。

---

① Maslow 的需求层次理论是行为科学研究领域的重要的基础理论之一。1943 年，Maslow 在"人类激励理论"一文中首先提出。他将人的需求分成五种，分别为基于生理、安全、社交、尊重和自我实现渐次提高的需求，并且认为低层次需求满足之后，人才会着眼于高层次需求的满足。

（二）高层管理人员激励的内容与形式

1. 高层管理人员激励的内容

对高管人员激励的认识和理解，不同的理论角度产生侧重点各异的观点。以下将分别从委托—代理、人力资本、管理激励理论的角度进一步认识高管人员的激励问题。首先，从委托代理理论的角度看，依据 Jensen 和 Meckling（1976）的观点，投资行为发生后，在出资人不直接参与日常管理活动的情况下，其事实上通过聘任高管人员并与其缔结与部分决策权有关的契约，将日常的投资管理活动委托给高层管理人员；在这个契约关系中，作为委托人的出资人涉及并提供契约而作为代理人的高管人员做出是否接受契约的选择。在投资主体多元化的背景下，股权或者剩余索取权的分散虽然有利于企业从多方面筹措资金扩大生产规模并实现风险分散，但也使得所有者的监督成本提高。为避免管理者低能或者有能力却不努力引发的低效率，投资人会通过所设计的契约将日常的经营管理权委托给高效能的管理者，并通过一系列行之有效的激励和约束机制来促使高层管理者能为委托人的利益行事。投资主体的多元化使得每个出资人都介入投资管理会引发低效率，而将日常投资管理决策权授予高管人员则隐含高管的道德风险问题。由于出资人和投资管理人在目标函数上存在分歧，出资人的目标是自身财富最大化，而高管人员在乎的是薪酬、闲暇或者在职消费等的最大化。因此，委托代理契约涉及的核心之一便是能够通过契约对高管人员的消极行为或损公肥私的行为进行预防或者惩戒，促使高管人员努力为出资人的财富最大化服务，不断降低代理成本。承接委托代理问题，公司治理强调出资人、董事会和高级管理人员组成的组织结构（吴敬琏，1994），因而激励问题的本质是股东、董事会、高管人员之间进行权力配置与制衡及其收益—风险的机构关系。

其次，从人力资本理论的角度看，企业的所有者结构中，一部分是股东、债权人等物质资本的所有者，一部分是高管和其他职员等人力资本的所有者。[①] 后者在日常工作中，将知识和技能等注入企业，Schultz（1961）将这看作人力资本所有者以专业知识和技能对企业的投资。[②] 由于人力资本不像物质资本那样可以实现所有者与资本本身的分离，对于人力资本来讲，只有调动资本所有者即高管人员的积极性，才能形成其加大人力资本投入进而提升企业绩效的结果。这意味着在人力资本配置决策中，激励同样是重要的问题。考虑到人力资本和其拥有者的不可分性，可观察但难以证实性和专用性，人力资本的累积性、创新与能动性以及其收益性质的多样性使得人力资本的激励特别是对于具有相当稀缺性和高度专业性、专有性的高管人员的激励成为一个异常复杂的问题。

最后，从管理激励的角度看，激励需要认识管理者的需求以及其行为和需求之间的关系，在这个方面，主要涉及针对激励诱因、行为过程和行为矫正的激励研究。对于激励诱因和影响因素的研究属于内容型激励理论，主要有 Maslow（1943）、Herzberg（1959）、Alderffer（1972）等的观点。Maslow（1943）强调对激励诱因的研究，认为人的需求可以分为生理、安全、社会、尊重和自我实现五个具有渐次提高关系的需求，低层次的需求满足后人就会追求更高层析的需求。这意味着，一旦管理人员的需求明确，则低于该层次的需求激励将不具有激励意义。Herzberg（1959）的激励—保健双因素论认为，激励因素主要涉及工作中给予的机会、愉悦的心情、成就感、责任感和各种奖励；保健因素主要涉及对产生于企业工作环境和工作条件的不满情绪、消极态度和行为的预防；根据双因素理论，对于高管人员而言，保健因素是其创造高管理绩效的基础，激励因素的中心则是创造高管理绩效。Vroom（1964）的期望理论强调对激励过程的研究，属于针对工作行为和过程的激励。依据该理论，高管人员的行动都基于其对行为结果的预期。因此，针对高管人员需要设计的目标可以激

---

① 根据 Schultz 和 Becker（1960）等学者的观点，物质资本和人力资本都是经济增长的影响因素。人力资本所涉及的就是员工在劳动中注入企业的知识和技能。

② Sehultz T. W. Investment in human capital ［J］. The American Economic Review，1961，51（1）：1－17.

发起行为动机。这种激励的关键，一是在于对高管人员的目标价值的判断和认识；二是对高管人员对其目标可能性的认识。这两者之积即激励效用。这说明，目标价值越大，实现目标的可能性越高，激励效果越好。Heider（1958）提出的归因理论和 Skinner（1958）提出的强化理论都强调针对激励结果的研究，属于行为矫正激励。在 Heider（1958）之后，Kelley（1967）对归因理论的拓展中指出，人的行为归结起来源自三方面的因素：一是行为人的特点；二是行为对象的特点；三是行为人和行为对象交互时的情景。[①] 人的行为成功或者失败的主要原因是努力程度、能力水平、任务难度和行为机遇等方面的差别。不同于归因论，强化论认为，在人的行为过程中，可以通过学习来加深对个体行为的认识以及对其意愿外行为的修正。因此，对某种特定行为的肯定或者惩戒都会强化对应行为在以后的出现频率。其现实意义在于，奖励等正向强化会促使特定行为在未来的重复发生，而惩戒等负向强化会有助于遏制不当行为的未来发生。更重要的是，在倡导某种积极行为的时候，正强化的激励效果较之负强化的效果更好。

2. 激励形式

从上述分析中可以看出，激励的本质是一系列激励制度安排，激励的形式强调的是如何满足多样性的高管需求以降低委托代理成本。从不同的角度来看，激励可以有以下不同类型的激励形式。

首先是显性激励与隐性激励。显性激励指的是高管绩效可以被明确地证实与测度且可以在契约中明示。一旦以契约形式载明，则显性激励的条款将具有法律效力，当高管人员完成契约约定的目标内容，则按约定可以取得相应的报酬。委托人为保证契约有效，需要在缔约前付出调查费用、在缔约过程中支付谈判费用和决策相关费用，以及缔约实施费用。很显然，由于信息不完美，缔约前委托人不可能订立完美的合约。鉴于此，我

---

① Kelley H. H. Attribution theory in social psychology［J］. Nebraska Symposium on Motivation, 1967（15）：192 - 238.

国国有资产管理部门于 2009 年下发的《关于进一步规范中央企业负责人薪酬管理的指导意见》指出，央企高管的薪酬结构为基本年薪、绩效年薪加中长期激励收益，并以前两者为主。隐性契约是指委托人和代理人就一定的目标达成未经明示的默契，是缔约双方心照不宣地隐含在正式契约中的制度规则。也就是说，因高管人员努力的不可证实而无法载入契约进行明示，因此当委托人认为其目标实现即向高管支付一定数量的报酬。隐性契约内容缺乏相应的法律强制性，因此具有双向违约可能的特征，从短期来看，隐性契约的有效性是值得怀疑的，但在中长期范围内，考虑声誉激励的收益，则可以推动高管对契约的自我实施。这个目标的实现要求隐性契约必须是基于市场化的、在缔约双方地位对等情况下订立的自愿交易契约，不但隐性契约的违约收益小于合作利益，而且整个市场或者社会存在对非正式制度的遵从与守信文化。实际中，国企高管的隐性契约收益主要涉及晋升、职位声誉、在职消费等方面的利益，这些不仅难以在契约中明示也有很强的主观成分。尽管政府可以通过授权、限制甚至剥夺高管人员对企业的实际控制权收益，但在操作中，出于多种角度、多种原因的考虑，政府往往以容忍或默许高管隐性收益来换取高管对特定目标的追寻。从自身声誉、中长期利益等的角度考虑，高管人员也有主动实施隐性契约的动机。现实中，显性和隐性契约之间的互补关系往往大于替代关系，显性契约不能或者难以有效发挥作用的领域，隐性契约常常能起到意想不到的效果。

其次是物质激励和非物质激励。物质激励通常指向具有实物形态的货币性和非货币性物质激励方式。前者主要是年薪、奖金、津贴、股权等货币性收益，后者主要是以具体的物品呈现的非货币性收益。非物质激励没有明确的实物形态，主要是针对精神层面的，如政治关系、社会地位、职权关系和各种荣誉等没有物质形态的激励。结合 Maslow（1943）的观点，可以知道，对于财富持有水平较高的企业高层管理人员而言，物质激励的效果往往是有限的，而来自行业、社会的认同和尊重往往带来较高的满足感，因此对这个特殊的群体而言，非物质激励通常可以带来较高的作用。

除了上述激励形式分类，常见的分类还有短期和长期激励等。短期激励往往与短期目标相关，而后者往往与中长期业绩目标相关。短期激励的主要实现形式往往是货币性的，而中长期的激励主要实现形式往往是股票期权等形式，以在较长时期内促使高管人员的目标和企业目标相协调，关注企业长期绩效实现。从目前情况来看，我国国有企业高管激励中的中长期激励的分量还比较轻。

（三） 有效的内部控制与激励对投资效率的维护作用

根据 Lobo（2006）和 Pincus（2008）等学者的观点，有效实施的内部控制是投资效率实现的重要手段，内部控制的最终目标在于企业财务安全、资产安全与经营绩效。从这个角度来看，内部控制和企业投资具有目标上的一致性。从维护既定投资效率目标的角度来看，财务控制和日常管理控制具有基础性的地位。凭借财务制度和会计规则，财务控制保证了财务信息的可靠性、准确性和完整性。从投资的全过程来看，高质量的财务控制奠定了准确预测未来经营绩效的基础，保证了投融资测算的可靠性，有助于提高投资决策的正确性。而且，高质量的、可靠的财务控制使得投资前可行性研究的效用大大提升，以正确地排除低效项目并使得高效项目可以得到适当规模的投资；在投资后的管理过程中，高效的财务控制能在确保公司正常运作、反馈运营情况以及发现问题并指出解决的可能方向方面起到巨大的作用（Brown，2003）；在投资期末，高效的财务控制也保证了财务信息的真实与可靠，便于企业真实核算最终的盈余情况，以做出恰当的投资综合评价。富有成效的管理控制能帮助企业及时发现投资预测、决策、运营管理和最终绩效评价等投资的各个环节的问题和不足，促使投资运行系统处于储蓄调整优化的状态中。投资前的管理控制活动对企业人力资本配置、现金流、管理架构等方面的系统规划和对企业生产资源与要素的优化配置，经过董事会或者股东大会授权实施并成为随后企业各方面运营和考核的标准，能有效地预防企业投资偏差，避免浪费；投资后的管理控制有助于对投资实施的监控，评估运行情况，及时发现问题并采取措施；投资结束后的管理控制有助于将实际投资绩效与目标比对，分析优劣，采取倡导或纠偏举措，也有助于激励或惩戒措施的有效实施。

从内部控制本身来看，涉及控制环境、风险评估、控制活动、信息沟通与监督等几个方面。根据 COSO 的内部框架，企业在治理结构、权利义务和责任安排、企业文化以及人力资本配置等内部环境构成企业内部控制的基础。企业投资效率的高低既与对高管人员的激励有关，也与企业的内部环境有关，因此，控制环境即以制度来约束员工行为。比如在投资前的决策环节，一旦决策者做出不当投资决策，有效的控制制度就会发挥积极作用，形成对不当行为的有力遏制；良好的分权与制衡机制和企业文化都是不当投资行为的监督机制，这将直接降低高管人员进行低效投资决策的机会，使得投资效率提高具备了基本的条件（Litvak，2007）。有效的公司内部控制有助于公司投资后管理中的经营风险和财务风险的识别与应对。出资人和管理者目标函数的不一致使得追求报酬和声誉最优的管理者在绩效考核的压力下，会倾向于弱化风险控制与评估标准，偏好高风险高收益的投资机会。为约束管理者的风险偏好并维护自身利益，出资人会根据公司控制制度制定合理的风险控制标准，当管理者逾越边界出现过度的风险偏好时，制度约束将有效阻止不当投资行为的发生，将企业的经营风险置于可控、可接受的范围内，从而对维护投资效率起到维护作用。内部控制中的信息沟通强调企业及时、准确地得到相关信息来确保企业内外不同部门之间有效沟通的重要性。若企业内外相关部门之间确实存在信息沟通问题，那就意味着高层管理人员无法获得做出恰当投资决策所需的真实信息，而这也往往成为高管人员过度的风险偏好或者不当投资决策的个人借口。这正是企业进行低效率投资的重要理由之一。高效的信息与沟通机制是有效投资决策的重要条件，其可以加大高管人员不当决策的成本，降低公司低效率投资的可能性，从而对维护投资效率发挥重要作用。监督、约束与激励是实现内部控制目标的重要措施。监督的作用在于高管人员的投资决策与管理行为进行有效性与适当性评价，以发现制度缺陷或者不当行为并采取相应的纠偏措施。激励的作用在于对符合内部控制要求、值得倡导的行为的鼓励。如果缺失有效的内部监督，所有者和管理者就难以得到有效的信息来进行投资决策，也无法恰当评价投资决策的落实情况，以及投资管理过程中需要调整的行为以及行为调整的方向。因此，内部控制中监督职能的有效实施以及激励机制的有效发挥能在降低公司不当投资决策、维护投资效率方面发挥重要作用。

二、最优激励契约设计

鉴于实际中常见的高管人员腐败问题以及煤炭企业股权结构的现实特征，本部分的最优激励契约设计将在政府与国企高管之间的委托—代理关系的基础上展开。现实中，国有企业的高管人员面对不同比较对象会产生不同的心理感受，激励的效果也会有所不同。一般来说，国企高管往往以公平薪酬和团队内部其他职员的薪酬作为参考，来评价自己的工作所得。一方面，当自己的工作所得低于认定的公平薪酬时会产生嫉妒心理，而当自己的工作所得高于认定的公平薪酬时又会产生同情心理，这两种心理都会带来负效用；另一方面，当高管人员的薪酬高于团队内其他成员的薪酬则被人嫉妒，而当高管人员的薪酬低于团队内其他成员的薪酬则被人同情，这两者也会带来负效用。这种心理和情绪必然影响激励结构。进一步地，由于仅仅存在显性激励时不能被证实行为及其结果，将缺乏应有的激励，将其直接写入契约又不可行，因此实际中，许多国企的发展目标都没有直接被载入契约进行明示，而且，在许多国有企业中，隐性工作所得较之显性工作所得要重要得多，这意味着企业的激励结构尤其是国有股权居于控制地位的企业的激励结构中，显性激励和隐性激励应当予以合理的配置。因此，鉴于煤炭企业的主流股权结构，本部分的最优激励契约设计以国有企业为背景，考虑到高管人员对工作所得公平性的关注，我们假设国有股权的委托人是政府部门（如国资委），代理人是高管人员，双方进行连续博弈，契约任务具有多重性，然后研究显性激励契约和隐性激励契约的最优特征，最后研究同时存在显性契约和隐性契约的最优契约结构并进行相应的拓展。

（一）基本假设与最优激励契约的特征

1. 基本假设

假设1：高管人员面对多重任务采取可观察但不可证实的行动 e，$e \in [0, 1]$，并产生随机的结果 ϑ，$\vartheta \in \{0, 1\}$，$prob\{\vartheta = 1 \mid e\} = \tau$；高管努力工作产生成本 C，$C(e) = \varepsilon e^2$；任务的多重性使得 ϑ 可观察但不可证实，因此 ϑ 无法进入契约进行显示性约定。

假设2：委托人根据对 ϑ 的预测与高管人员订立隐性契约。这意味着高管人员的 e 越大，则预期 ϑ 实现的概率越高；委托人对高管人员的评价 V 可以观察且可被证实，其反映但不完全反映 ϑ，$V = \{0, 1\}$，$V = 1$ 的概率与 $\vartheta = 1$ 的概率独立。

假设3：高管人员得到关于 V 和 ϑ 的私人信息 χ 并选择相应的行动 e，$\chi > 0$，$E(\chi) = 1$，δ_χ^2 是信息的方差；令 $prob\{V = 1 \mid e\} = \chi \tau$。$V$、$\vartheta$、$\chi$、$e$ 之间的关系是，当 $e \uparrow \rightarrow V \uparrow$，$\vartheta \uparrow$ 则 $\chi = 1$；当 $e \uparrow \rightarrow \vartheta \uparrow$，$\overline{V}$ 则 $\chi = 0$；当 $e \uparrow \rightarrow V \uparrow$，$\overline{\vartheta}$ 则 $\chi > 1$；

假设4：为更符合现实，假设高管人员的薪酬结构为固定薪酬 s，$V = 1$ 实现时支付的显性契约收益 ϕ 和 $\vartheta = 1$ 实现时相机支付的隐性契约收益 φ；其中，$(s + \phi)$ 为显性薪酬，φ 为隐性薪酬；委托人设计并提供契约 (s, ϕ, φ)，高管人员根据 χ 和对薪酬公平性的判断选择拒绝或者接受契约；在拒绝的情况下仅仅得到保留收益 U_0，接受的情况下选择 e 并追求收益最大；委托人根据对 V 和 ϑ 的观察决定是否给予 ϕ 和 φ。

2. 最优激励契约的特征

根据前述分析，假设高管嫉妒所产生负效用的强度系数为 ω，$\omega > \psi$，高管同情所产生负效用的强度系数为 ψ，$\psi \in (0, 1)$，以 w 表示社会公平

薪酬水平；借鉴 Fehr 和 Schmidt（1999）的模型，高管预期的报酬效用为

$$[(s+\chi e\phi)+e\varphi]-\varepsilon e^2-\omega\max[w-(s+\chi e\phi),\ 0]-\psi\max[(s+\chi e\phi)-w,\ 0] \tag{6-1}$$

在 χ 被观察之前，委托人的期望效用为

$$U=E_\chi(e-(s+\chi e\phi+e\varphi)) \tag{6-2}$$

此时的参与约束条件为

$$[(s+\chi e\phi)+e\varphi]-\varepsilon e^2-\omega\max[w-(s+\chi e\phi),\ 0]-\psi\max[(s+\chi e\phi)-w,\ 0]\geqslant U_0 \tag{6-3}$$

此时的激励相容条件为

$$\max_e\{[(s+\chi e\phi)+e\varphi]-\varepsilon e^2-\omega\max[w-(s+\chi e\phi),\ 0]-\psi\max[(s+\chi e\phi)-w,\ 0]\} \tag{6-4}$$

根据最优化的一阶条件，高管的最优行为被决定

$$e^*=\frac{\varphi+(1+\omega)\chi\phi}{2\varepsilon},\ 若\ w\geqslant s+\chi e\phi \tag{6-5}$$

$$e^*=\frac{\varphi+(1-\psi)\chi\phi}{2\varepsilon},\ 若\ w<s+\chi e\phi \tag{6-6}$$

由式（6-5）和式（6-6）可知，薪酬结构给定时，关注薪酬公平程度的高管人员会在显性薪酬低于公平薪酬时，嫉妒的负效应使其产生改变现状的动机，这会带来积极的行为，促使高管人员更加努力，而在显性薪酬高于公平薪酬时，同情的负效应使其产生消极行为，从而降低努力程度。

（二）最优显性激励契约的特征

当委托人仅仅提供显性激励契约而无隐性契约时，这意味着式（6-1）至式（6-6）中的 $\varphi=0$，此时，根据式（6-5）、式（6-6）有

$$e^*=\frac{(1+\omega)\chi\phi}{2\varepsilon},\ 若\ w\geqslant s+\chi e\phi \tag{6-7}$$

$$e^*=\frac{(1-\psi)\chi\phi}{2\varepsilon},\ 若\ w<s+\chi e\phi \tag{6-8}$$

从促使高管人员付出更多努力的角度看，这里仅仅考虑显性薪酬低于公平薪酬时的境况。此时，考虑满足式（5－3）的最低要求为

$$(s + \chi e\phi) - \varepsilon e^2 - \omega[w - (s + \chi e\phi)] = U_0 \qquad (6-9)$$

有式（6－9）得到

$$s = \frac{U_0 + \varepsilon e^2 + \omega w - (1+\omega)\chi e\phi}{1+\omega} \qquad (6-10)$$

将式（6－10）代入式（6－2），解出委托人的期望效用为

$$\max_{\phi} E_\chi [e - (s + \chi e\phi)]$$

$$= \max_{\phi} E_\chi \left\{ e - \left[\frac{U_0 + \varepsilon e^2 + \omega w - (1+\omega)\chi e\phi}{1+\omega} + \chi e\phi \right] \right\}$$

$$= \max_{\phi} E_\chi \left(e - \frac{U_0 + \varepsilon e^2 + \omega w}{1+\omega} \right) \qquad (6-11)$$

由于 $E(\chi) = 1$，$E(\chi^2) = 1 + \delta_\chi^2$，将其和式（6－7）一起代入式（6－11），并求解最优状态，得到

$$\phi_e^* = \frac{1}{1 + \delta_\chi^2} \qquad (6-12)$$

将式（6－7）和式（6－12）代入式（6－11），得到委托人最优期望收益为

$$U_\phi^* = \frac{1+\omega}{4\varepsilon(1+\delta_\chi^2)} - \frac{\omega w + U_0}{1+\omega} \qquad (6-13)$$

结果表明，高管人员对社会公平薪酬和自身显性薪酬比较关系的关注不会构成对显性薪酬水平的影响；社会公平薪酬会影响委托人的期望收益，但影响程度取决于嫉妒所产生负效用的强度系数 ω、高管努力的边际成本率 ε 和高管人员的保留效用 U_0。

（三）最优隐性激励契约的特征

如果委托人仅仅提供隐性的契约，即式（6－1）～式（6－6）中的 $\phi = 0$，由于隐性契约的内容不具有法律效力也不具有强制性，因此在 $\vartheta = 1$ 实现时的 φ 具有相机支付的特征，这意味着委托人存在违约动机；这种

契约的激励效果与高管对委托人的信任程度具有直接关系。在委托人和代理人彼此信任的情况下，根据式（6-5）、式（6-6），有

$$e^* = \frac{\varphi}{2\varepsilon}, \ 若 \ w \geqslant s \tag{6-14}$$

$$e^* = \frac{\varphi}{2\varepsilon}, \ 若 \ w < s \tag{6-15}$$

即无论固定薪酬和公平薪酬之间的关系如何，高管人员的最优努力水平都是

$$e^* = \varphi/2\varepsilon \tag{6-16}$$

最优努力仅仅与高管努力的边际成本率 ε 和隐性薪酬水平 φ 有关。

事实上，在单次博弈中，满足理性经济人假设的委托人将不会按照隐性契约的约定支付隐性薪酬水平 φ 给代理人。此时，若高管选择努力工作，工作越努力损失越大；若高管选择不努力，越不努力则潜在的收益越高。这意味着隐性契约是无效的。但在连续进行的多次重复博弈中，若委托人违约，将无法得到高效能的劳动，契约终止；若高管人员选择不努力，则职业声誉以及长远利益遭受损失。来自双方的压力促成隐性契约的可实施性。因此，隐性契约存在的条件是 $U(\varphi) \geqslant r\varphi$，$r$ 为折扣系数，其大小取决于对委托人履约的信任程度。此时，由于没有显性薪酬，根据式（6-3），有保证高管人员参与、最低要求的约束条件

$$e\varphi - \varepsilon e^2 - \omega w = U_0 \tag{6-17}$$

解出最低的隐性薪酬条件为

$$\varphi = \varepsilon e + \frac{\omega w + U_0}{e} \tag{6-18}$$

将式（6-18）代入式（6-2），得到委托人的期望效用为

$$U = E_\chi \ (e - e\varphi) \ = E_\chi \ (1 - \varphi) \ e = E_\chi \ (e - U_0 - \varepsilon e^2 - \omega w) \tag{6-19}$$

将式（6-16）代入式（6-18），得到

$$U = E_\chi \left(\frac{\varphi}{2\varepsilon} - \frac{\varphi^2}{4\varepsilon} - \omega w - U_0 \right) \tag{6-20}$$

求解最优状态为 $\varphi = 1$，但 $\varphi = 1 + \omega$ 时 $U(\varphi)$ 取最大值，由于委托人

的支付不可能大于1，所以实际中的隐性契约支付一定满足 $\varphi \leqslant 1$。

由 $U(\varphi) \geqslant r\varphi$ 得到 $r \leqslant U(\varphi)/\varphi$，即结合式（6-20）有

$$r \leqslant \frac{1}{2\varepsilon} - \left(\frac{1}{1+\omega}\right)\left(\frac{\omega w + U_0}{\varepsilon}\right)^{1/2} \tag{6-21}$$

式（6-21）的导出过程和结果说明，只有当折扣系数很小时，委托人才存在隐性契约中 φ 的支付意愿。这意味着，高管人员和委托人之间的信任关系越差，隐性契约中 φ 的支付意愿越低或者说 φ 越小，这说明良好的社会互信有利于管理人收益的改善。在社会发展、保留效用和公平薪酬不断提高的情况下，若 φ 未跟随调整或者调整不到位，则激励效果会降低。

（四）最优激励组合契约的特征

前面我们分析的是只提供显性或者隐性契约中的一个时的最优契约特征，而现实中，通常委托人和高管层之间既存在显性的薪酬激励，也存在隐性契约。这意味着委托人向高管层同时提供显性薪酬契约和隐性薪酬契约。接下来我们将研究无限次重复博弈情况下两种契约都存在的激励特征。

从促使高管人员付出更多努力的角度来看，这里仅仅考虑显性薪酬低于公平薪酬时的境况。

根据最优化的一阶条件，高管的最优行为被决定

$$e^* = \frac{\varphi + (1+\omega)\chi\phi}{2\varepsilon}，若 w \geqslant s + \chi e\phi \tag{6-22}$$

式（6-3）满足时

$$(s + \chi e\phi + e\varphi) - \varepsilon e^2 - \omega[w - (s + \chi e\phi)] = U_0 \tag{6-23}$$

解出 s

$$s = \frac{1}{1+\omega}(U_0 - \chi e\phi - e\varphi + \varepsilon e^2 + \omega w - \omega\chi e\phi) \tag{6-24}$$

将式（6-24）代入式（6-2），得到

$$U(\phi, \varphi) = E_\chi[e - (s + \chi e\phi + e\varphi)]$$

$$= E_\chi \left[e - \frac{1}{1+\omega}(U_0 - \chi e\phi - e\varphi + \varepsilon e^2 + \omega w - \omega\chi e\phi) - \chi e\phi + e\varphi \right]$$

$$= E_\chi \left(e - \frac{1}{1+\omega}U_0 + \frac{2+\omega}{1+\omega}e\varphi - \frac{1}{1+\omega}\varepsilon e^2 - \frac{1}{1+\omega}\omega w \right) \qquad (6-25)$$

将式（6-25）代入式（6-22）后得到最优状态满足

$$\phi_e^{**} = \frac{1-\varphi}{1+\delta_\chi^2} \qquad (6-26)$$

式（6-26）说明隐性契约收益增加时会导致显性薪酬水平的降低，此时委托人的期望收益为 $U(\phi, \varphi)$。

（1）考虑前面关于多次连续重复博弈的假设，一旦政府在隐性契约上违约，即在 $\vartheta = 1$ 时拒绝支付 φ，高管人员的信任就被粉碎，随后的博弈中，高管人员将拒绝隐性契约而仅仅接受显性契约，结果则回到仅仅提供显性契约的状态；政府的期望收益为 $U(\phi^*)$。

（2）当委托人不违约即在 $\vartheta = 1$ 时支付 φ，高管人员的信任信念得到证实，则同时接受显性契约和隐性契约，此时的结果回到式（6-25）、式（6-26）的结果。但对于委托人而言，面对可以相机决策的 φ，只有提供 φ 的收益大于提供 φ 的成本，隐性契约才会被执行，这意味着

$$U(\phi^{**}, \varphi) - U(\phi^*) \geq r\varphi \qquad (6-27)$$

将式（6-25）、式（6-26）和式（6-12）、式（6-13）代入式（6-27）后得到：

$$\frac{\left[(2\omega+1)\delta_\chi^2 - \omega^2 \right]\varphi^2 + 2\varphi(1+\omega)(\delta_\chi^2 - \omega)}{4\varepsilon(1+\omega)(1+\delta_\chi^2)} \geq r\varphi \qquad (6-28)$$

分析式（6-27）中关于 φ 的二次函数的特征，可以得出和仅仅存在隐性契约时类似的结果，即只有当折扣系数很小的时候，委托人才存在隐性契约中 φ 的支付意愿。这意味着，高管人员和委托人之间的信任关系越差，隐性契约中 φ 的支付意愿越低或者说 φ 越小，这说明良好的社会互信有利于管理人收益的改善。

满足式（6-27）时，可以解出 φ 的最优状态如式（6-29）和式（6-30）所示。

若 $4(1+\delta_\chi^2)r\varepsilon < (\delta_\chi^2 - \omega)$，则

$$\varphi^{**} = \frac{1}{(2\omega+1)\delta_\chi^2 - \omega^2}\left[(2\omega+1-\omega)\delta_\chi^2 - \omega^2 - \omega\right] \qquad (6-29)$$

若 $2(\delta_\chi^2 - \omega) \geqslant 4(1+\delta_\chi^2)r\varepsilon \geqslant (\delta_\chi^2 - \omega)$，则

$$\varphi^{**} = \frac{2\left[(2\omega+1)\delta_\chi^2 - \omega^2 - (1+\delta_\chi^2)(2r\varepsilon(1+\omega)+\omega)\right]}{(2\omega+1)\delta_\chi^2 - \omega^2} \qquad (6-30)$$

当式（6-29）、式（6-30）的条件不满足时，$\varphi^{**} = 0$。

可见，在委托人设计并提供的契约（s，ϕ，φ）中，由于式（6-26）所呈现的显性契约收益和隐性契约收益之间的替代性，且左右显性薪酬的大小主要取决于隐性薪酬和高管人员得到关于 V 和 ϑ 的私人信息 χ 的变动情况。对于最优隐性契约报酬支付来讲，由于 $\partial\varphi^{**}/\partial\omega < 0$，说明高管人员的薪酬低于公平薪酬时的嫉妒心理越强，最优隐性契约报酬支付越小，在私人信息 χ 稳定时，显性薪酬支付将会提高；由于隐性契约报酬支付与互信强度系数存在 $\partial\varphi^{**}/\partial r < 0$，也说明委托人和高管之间存在足够的互信时，总的薪酬结构中将能容忍更多的隐性契约空间，否则在缺乏互信的情况下，薪酬结构将以显性薪酬为主；由于隐性契约报酬支付与高管私人信息的变动情况存在 $\partial\varphi^{**}/\partial\delta_\chi^2 > 0$，说明当高管人员所得到的有关 V 和 ϑ 的私人信息 χ 的变动越剧烈，最优隐性契约薪酬支付水平越高，否则，薪酬结构将以显性薪酬为主。

我国国资管理部门于 2009 年下发的《关于进一步规范中央企业负责人薪酬管理的指导意见》指出，央企高管的薪酬结构为基本年薪、绩效年薪加中长期激励收益，并以前两者为主。但是，根据上述结果，这样的契约结构尚有不小的帕累托改进的空间。对于我国煤炭企业来讲，我国资源和能源管理的制度历史和现状使得作为委托人的政府部门与高管人员之间通常有较好的互信关系，此时，若选择的高管层具有较强的职业自尊感和好胜心，且投资的产出结果复杂易变，最优薪酬结构应向隐性契约倾斜，意味着对高管层的很多要求无须通过合同明示，而以特定的默契、默许或容忍的形式存在。考虑到通常在政府与高管人员之间具有比较稳定的有关

信息χ的判断，煤炭企业的高管人员获得相对较低的显性薪酬而赋予高管人员以更多的行为自主性是具有激励性的。进一步地，在显性薪酬中，降低固定薪酬的比重而提高与行为结果关联的动态薪酬，则激励效果会更好。

三、动态博弈下投资管理者的声誉激励

在前述关于薪酬结构的激励功能分析中，我们已经看到，在国有投资人拥有控制权的企业中，很多时候隐性契约具有显性契约所不能顾及的激励效果。隐性契约内容缺乏相应的法律强制性，因此具有双向违约可能的特征，这使得短期内隐性契约的有效性值得怀疑，但在中长期范围内的重复博弈情况下，考虑到声誉激励，隐性契约可以推动高管对特定目标的自我实施。鉴于声誉在高管人员这个比较特殊的职业群体中的重要地位，我们接下来将对其进行专门的分析，以进一步明晰声誉激励机制。

（一）声誉的激励功能及其对道德风险的约束

在隐性契约通常所涉的内容中，声誉是个基础性的、事关高管人员中长期利益的重要因素。一旦高管人员声誉败落，则不仅会失去当前的职位，也会使其在相应的劳动力市场上再次获得类似岗位的可能性大大降低，结果是中长期的显性和隐性报酬都会降低，职位晋升、荣誉、在职消费等也都谈不上了。从其职业生涯的角度来看，作为职业经理人的高层管理人员既可以在企业内部获得连续聘任的机会也可以通过外部劳动力市场获得在类似职位上的持续雇用。在这个过程中，声誉凸显出极端的重要性，因而健全的内部和外部劳动力市场能够促使声誉机制发挥良好的激励作用。一旦高层管理人员对预定产出目标的实现程度进入委托人判断其能

力水平的函数，那么，高管人员当期的绩效状态将直接影响委托人对其能力的认识，如果这种认识能够进入下一期的薪酬函数中，声誉就开始发挥作用。声誉的这种影响不仅贯穿整个职业生涯，而且也渗透至退休后的返聘劳动力市场。很显然，若高管人员在正常的职业生涯中具有良好的声誉，退休后被返聘从而继续获得收益的可能性也大大增加，这意味着声誉在客观上具有延展职业生涯的功能。通常来说，具有更高绩效的高管人员也能获得更高的薪酬，低绩效往往导致较低薪酬的支付，这种利益关系促使委托人和代理人的追求具有一致性，从而降低契约实施中的监督和激励成本。由于高管人员的在职收益较高且更在乎自身的外部评价，因此即使缺乏显性契约的有效激励，声誉也能够一定程度上推动高管人员对契约的自我实施。

从企业外部更广阔的市场空间来看，委托人对资本保值增值的追求蕴含着对职业经理人的需求；对契约规定的劳动报酬和企业剩余索取权与剩余控制权所产生利益的追逐带来职业经理人的供给。但是，由于高管人员属于高专用性、高投入且不断累积强化的特殊人力资本，其蕴含的私人品质信息不易被观察和证实，因此外部市场通常也严重依赖企业内部所生成的信息，这是外部劳动力市场的声誉压力。高管人员在企业内部的绩效评价所形成的声誉不仅决定其在企业内部的机会，也直接影响其在外部劳动力市场上的机会。有效竞争的内部和外部职业经理人市场将极大地推动委托人与代理人之间相容状态的实现。

进一步地，如果我们将高绩效产生的职业声誉与未来的晋升、持续雇用的可能和额外决策权与控制权的赋予相关联，那么声誉的激励效果将得到凸显和强化。当然，从短期来看，声誉的激励效果是值得怀疑的。如果高管候选人面对的是一次性的工作机会，意味着其工作绩效和职业境况并不影响未来，这直接助长了高管人员的机会主义行为，表现为在劳动力市场上，是对有关低效率的私人信息的隐匿引发的逆选择问题，和在职工作中有悖契约行为带来的道德风险问题。这导致缔约前的信息甄别等成本和缔约后监督与约束成本提高，结果造成对缔约双方利益的双向损害。相关问题在中长期范围内的重复缔约博弈中能得到较好的解决，其实质是将高管人员的历史表现纳入未来的收益函数中。一旦过去的绩效影响未来的工作机会和收益，加之重复博弈所提供的事后反悔与补救机制，高管人员将会在一定范围内自动实施行为约束，在每个阶段的博弈中都付出较高的努力创造较高的绩效水平，以博取未来更多的机会和更高的收益。考察企业内部的高管人员选聘机制会发现，竞选聘任的制度实际上是委托人选聘高管候选人的制度安排，它不仅有助于对候选人的甄别，而且可以提供在出现不当选择后通过重新选聘进行补救的机会。因此，竞选聘任对高管人员的强约束迫使其通过持续维护自身声誉来确保自身劳动力价值的维持。

（二）声誉激励的重复博弈模型

声誉模型源起于 Kreps（1982）关于有限次重复博弈中合作行为的研究，其基本的结论是单次或者有限次地重复博弈不能带来博弈中的合作行为，只有重复博弈次数很多的情况下才能带来合作的出现。20 世纪 80 年代之后，博弈论的发展真正促进了声誉对管理者决策行为的影响研究，比如，Milgrom 和 Roberts（1982）关于声誉激励的模型和 Holmstrom（1982）在 Fama（1980）的基础上建立的声誉模型。以 Fama（1980）为代表的学者将重复博弈引入委托代理框架，证明了声誉机制对代理人行为选择的激励作用。根据这些模型的观点，一旦委托人可以根据高管人员过去的绩效来推断其个人品质特征并预测未来绩效，那么，高管人员就必须为自己的日常管理行为及绩效结果负担全部责任。因此，出于对自身利益最大化的考虑，高管人员就必须着力于改善自身在职场的声誉，这意味着声誉具有惩戒的威慑力。如前所述，此时即使缺乏显性契约的激励，高管人员也会主动采取行动自我实施契约。以下借鉴 Holmstrom（1982）的模型并做适当简化，来具体分析重复博弈下声誉的激励功能。

1. 基础模型

假设一个两阶段生产（$t = 1, 2$）的企业，定义 π_t 为 t 时的产出水平，e_t 为 t 时的努力程度，努力带来的成本为 $C(e_t)$，$C(0) = 0$；w_t 为 t 时的薪酬；φ 为高管人员与时间无关的能力水平，u_t 为 t 时彼此独立的外部随机扰动，且 $\mathrm{cov}(u_1, u_2) = 0$；其中，$e_t$、$\varphi$ 为相互独立的高管私人信息，φ 服从正态分布且 $E(\varphi) = 0$，$\mathrm{var}\varphi = \delta_\varphi^2$，$u_t$ 服从正态分布且 $E(u_t) = 0$，$\mathrm{var}u_t = \delta_u^2$，$\pi_t$ 为可观察的公开信息。

此时的产出函数定义为

$$\pi_t = e_t + \varphi + u_t \tag{6-31}$$

高管人员的效用函数为

$$U = [w_1 - C(e_1)] + [w_2 - C(e_2)] \tag{6-32}$$

在一次性缔约的情况下，若投资管理者得到固定的显性薪酬，则契约缺乏激励效果，高管人员也不会付出努力，此时 $e_t = 0$；在两阶段分别缔约的情况下，尽管第二阶段末管理者的努力可能为 0，但由于第一期绩效影响委托人对其能力水平的判断进而影响第二期薪酬，第一期的努力一定大于 0；此时，若人力资本市场竞争充分，边际定价原则适用，那么高管人员将会使得第一期的努力等于产出的期望水平，随后的第二期缔约时，委托人依据第一期高管绩效形成关于 φ 的判断，并在第二期给付高管人员等于第二期期望绩效的薪酬，即薪酬水平满足

$$w_1 = E(\pi_1) = E(e_1) \tag{6-33}$$

$$\begin{aligned}
w_2 &= E[\pi_2 | \pi_1] \\
&= E[e_2 | \pi_1] + E[\varphi | \pi_1] + E[u_1 | \pi_1] \\
&= E[\varphi | \pi_1] \tag{6-34}
\end{aligned}$$

式（6-34）中，由于 e_t、φ、u_t 为相互独立的高管私人信息，考虑式（6-31）有

$$E[e_2 | \pi_1] = 0, \quad E[u_1 | \pi_1] = 0 \tag{6-35}$$

委托人在第二阶段缔约时预测高管人员的 φ，并据此决定 w_2

$$w_2 = E[\varphi | \pi_1] = (1-\rho)E(\varphi) + \rho[\pi_1 - E(e_1)] = \rho[\pi_1 - E(e_1)] \tag{6-36}$$

委托人判断时遵循经验学习法则，则

$$\rho = \frac{\delta_\varphi^2}{\delta_\varphi^2 + \delta_u^2} \tag{6-37}$$

根据式（6-36）可知，高管人员在第一期的绩效越好，委托人在第二期可能给予更高的薪酬。将式（6-33）、式（6-36）代入式（6-32）有

$$U = [E(e_1) - C(e_1)] + \{\rho[e_1 + \varphi + u_1 - E(e_1)] - C(e_2)\} \tag{6-38}$$

式（6-38）关于 e 的最优化状态为

$$C'(e_1) = \rho$$

$$e_2 = 0 \tag{6-39}$$

由于 $\rho > 0$，$C(0) = 0$，$C'(0) = 0$，$C''(e_1) > 0$，所以 $e_1 > 0$；这反映了声誉的激励作用，即高管人员在第一期付出努力且 ρ 越大 e_1 越大；在连续多期的情况下，除了最后一期的努力为0，其余各期的努力均大于0；如果满足条件的被聘高管人员可以一直被聘用，其解聘前各期的良好行为并不能在本质上提供遏制解聘前不作为的内在机制。这说明，在有明确任期期限的情况下，可以预见的最后聘期中，委托人对高管人员的管控强化显得尤为重要。

2. 更为现实的考察

在基础模型中，我们没有考虑委托人和高管人员对预期收益的时间偏好，也没有考虑契约随时终止，即在某一期后高管人员被解聘的事实。而这两者都是实际中的常见现象，因此，在基础模型中，我们放宽假设，考虑更贴近现实的声誉激励问题。

假设 μ 表示委托人和高管人员对预期收益的时间偏好，$\mu > 0$ 说明缔约者更看重当前收益，对于预期的未来收益会根据 μ 进行折现；此时，式（6-34）变为

$$w_2 = \frac{E(\pi_2 | \pi_1)}{1 + \mu} = \frac{E(\varphi | \pi_1)}{1 + \mu} \tag{6-40}$$

根据式（6-36）~式（6-38），式（6-40）可以表达为

$$w_2 = \frac{1}{1 + \mu}\rho[e_1 + \varphi + u_1 - E(e_1)] \tag{6-41}$$

将式（6-41）代入式（6-31），得到

$$U = E(e_1) - C(e_1) + \frac{1}{1+\mu}\rho[e_1 + \varphi + u_1 - E(e_1)] - C(e_2) \qquad (6-42)$$

式（6-42）关于 e 的最优状态为

$$C'(e_1) = \frac{\rho}{1+\mu}$$

$$e_2 = 0 \qquad\qquad\qquad\qquad\qquad\qquad\qquad\qquad\qquad\qquad (6-43)$$

说明缔约双方的时间偏好越强，或者说对预期收益的时间容忍度越小，μ 越大，则第一期的努力水平就越低，在极短缺乏时间容忍的情况下，第一期的最优努力水平为 0。若企业高管人员的单个契约的时间跨度很大时，μ 以一个较大的值存在是合乎情理的，这意味着，契约的时间长短会影响高管人员的行为选择，时间跨度过大的单个聘期不利于激励机制发挥作用。换句话说，一个声誉激励机制能良好地发挥作用的契约应该具有合理时间跨度；考虑到聘期内外部环境如通胀、社会平均收益率会发生变化进而影响 μ，在外部环境如通胀、社会平均收益率等平稳变化的背景下，可以适当延长契约有效周期，在外部环境易变的经济周期中适当地缩短契约有效周期，能够更好地发挥声誉激励的作用。进一步地，契约赋予委托人根据高管绩效的相机解聘权利能有效促进声誉激励作用。

第七章

多元投资主体下煤炭企业投资退出决策

　　企业投资退出与投资人性质、最初的投资动机及其实现情况密不可分。从一般意义上来看，投资退出是根据投资意图的实现情况所做出的现实决策，涉及退出时机、退出方式和退出价值等方面的判断，具有不同性质、不同意图的投资人在这些方面的判断往往不同。考虑到我国煤炭企业发展的历史和现实，以及煤炭行业管理制度，煤炭企业投资退出决策有其特殊性。基于此，本部分将从煤炭行业和煤炭企业的现实出发，探讨煤炭企业退出决策的影响因素和常见方式，并以此为基础，结合我国煤炭企业投资主体多元化所形成的所有权结构的特点，考虑到小股东投资退出对企业发展影响较弱而大股东投资退出对企业发展影响较大的事实，对煤炭企业大股东投资退出决策展开具体分析。

一、煤炭企业投资退出的影响因素

　　一般来讲，投资人性质、最初的投资动机和意图及其实现情况对投资退出决策有密切关系。在投资主体多元化的背景下，不同性质的投资人如控股股东、中小投资者、私募股权投资者、战略投资者、一般机构投资者等往往具有不同的投资动机，投资所追求的目标也有差别，因而对投资退出决策所涉具体内容也各异。从我国煤炭企业的实际情况来看，投资主体多元化战略的实施尽管使得煤炭企业资金来源多样化，引入不同性质的投资主体，但在总体上，国有资本依然占据主体地位。这是煤炭企业退出决策的基本背景，也衍生出一些特殊的问题。

投资退出决策的制定过程必然考虑各种不同因素的影响。从大的方面来看，可以区分为投资者自身因素、被投资企业（项目）因素、宏观环境因素和行业管理部门因素四个方面。投资者自身因素涉及投资者的性质及其在投资意图的实现情况，可选退出方式和退出收益等方面的权衡，它是退出决策的主导者；被投资企业（项目）因素主要涉及对被投资企业（项目）截至当前的经营管理环境、关系协调、当前经营绩效和预期未来经营绩效的判断；宏观环境因素涉及相关行业（产业）发展趋势、当前市场活力、相关的政策法规等制度环境等直接对投资退出的影响；行业管理部门因素涉及主管部门对投资退出的审查、批复的相关制度、要求与时间周期等。这四个影响方面对投资退出决策影响的基本机构关系如图 7-1 所示。

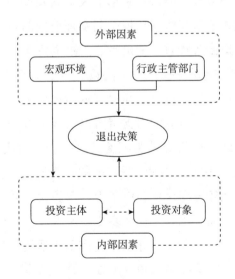

图 7-1 投资退出决策影响因素

（一）外部影响因素

在上述有关投资退出影响因素中，宏观环境因素和行政主管部门因素属于外部因素，两者都直接对投资退出决策选择造成影响。相对来看，宏观环境因素较为易变，而依靠规章行事的行政主管部门因素较为稳定。行政主管部门主要依规章行事，对投资退出的合规性进行审查，比如股权转让是否满足相关制度条件、受让方的主体资格是否合规、股权转让的方式、操作流程是否符合规范等。

宏观环境因素通常涉及政治、经济、社会、文化、法规环境等方面。在这些影响因素中，社会、文化环境与历史传承、文化观念、社会习俗、教育发展水平等有关，政治环境涉及政治体制、制度、政策等，这些因素对于投资退出决策来说，属于强约束的不可控因素，在一定的时空、地域背景下，这些方面对投资主体做出投资退出决策这种微观行为的直接影响相对较小；而宏观经济环境和法规环境的影响则比较大。通常，为了获得较高的退出收益并迅速完成退出，投资退出决策如时机把握和方式选择都会选择在宏观经济环境好的时段，且选取大众认知度高、接受能力强的退出方式。宏观环境中的法律法规环境是制度环境中的重要内容，宽松的管制环境、便于投资退出各种政策的出台、为投资退出提供便利的硬件和软件环境建设等都会直接影响投资退出决策。多层次资本市场的不断完善、场外股权交易场所快速发展也可以为投资退出提供极大的便利条件。良好的产业前景和政府产业政策的大力支持可以引导资源进入相关产业，产业内企业产权交易活跃、产权交易制度变迁对投资退出决策也有直接影响。比如，新《公司法》中关于公司股份回购的一些规定就直接限制以回购方式退出的选择。宏观环境变化也会作用于内部因素，并在内部因素对退出决策的影响上形成叠加。比如，复杂多变的宏观环境可能使投资主体认为被投资企业（项目）的前景不太乐观或者当前较适用的退出方式在未来可能发生变化，从而影响退出时机和退出方式的选择等。

（二）内部影响因素

投资主体自身因素和投资对象的实际情况属于投资退出决策的内部因素，两者也直接对投资退出决策产生影响，而且两者之间存在一定的联系和作用。比如，若被投资的企业（项目）当前及预期的较好运营绩效可能会提高投资主体投资的时间容忍度，从而影响投资退出的时机选择；反之，会降低投资主体投资的时间容忍度，导致考虑提前退出的可能。从被投资企业的角度来看，企业产品的市场结构、财务状况和企业所处的生命周期阶段是影响投资退出时机和退出方式的主要因素，其中财务状况是关键。若不考虑投资失败后的清算，投资者的退出时机通常不会选择在企业生命周期的早期阶段。因为这个阶段中，通常产品的市场前景广阔，企业的规模效应尚未发挥，市场竞争尚不激烈，技术尚未扩散，企业发展速度快，股权价值尚未最大化。但是无论在企业发展的哪个阶段，财务状况都是投资安全性判断的关键。一方面，若企业财务状况恶化且在可预期的范围内不能改善，投资退出以控制损失将成为当然的选项，但退出时机已非最优，退出方式也可以因此调整；另一方面，若企业财务状况优良且有较好的发展趋势，股权收益较高，当前和预期的股权价值比较大，投资退出较易实现，所得到的退出收益通常也比较高。

从投资主体的角度来看，大股东与小股东、在乎控制权和不在乎控制权、战略性和非战略性投资者在投资退出决策上具有不同的选择特征。小股东和一般的投资者通常不太在乎对于被投资方的控制权，而是把更多的注意力放在预定投资计划的实现情况而不太关注被投资方的长远发展。由于其持股比例较低，无法对投资管理决策产生足够的影响，在对投资计划的实现产生消极预期后，往往会通过股权转让实现投资退出；退出时机的选择通常是基于投资退出收益最大化的角度考虑，其退出对被投资方产生的影响较小。大股东、战略投资者、私募股权投资等投资主体通常比较在意自己在被投资企业中的影响力，关心并乐意介入企业日常活动，对企业投资管理决策的影响比较大，一般也比较在乎被投资企业的长远发展所带来的长远利益。当被投资企业管理者的素质和绩效不足以支撑其对企业发展的信心时，他们要么是通过自己在企业中的影响力干预企业管理决策甚至是调整管理层，要么会选择投资退出；不像小股东等一般的投资者，这些投资者的退出对公司的影响一般也比较大。通常情况下，投资退出决策都是基于对投资意图实现情况的判断，要么是投资意图实现后选择退出，要么是投资意图已经确实无法实现而选择退出；对于前者，在投资方式的选择上多围绕产权交易展开，与后者有关的投资退出方式多与清算等有关。当然，也有一些投资退出基于被投资企业的资本结构优化而达成的特别协议，此时的投资退出即资本结构调整、产权结构优化的过程。因此，投资退出时，投资主体与被投资企业可能存在也可能不存在利益冲突，双方的合作态度对投资退出时机与方式选择也会产生影响。若合作融洽、关系较好，不仅会延迟退出甚至还会继续注入资金；若双方在战略思维、发展目标、利益分配、权责安排等方面的分歧加大使得矛盾加深、关系恶化且无法协调，投资者往往会考虑尽快退出。

二、常见投资退出方式及选择

一般情况下，无论投资者的性质、规模、投资动机与意图有什么不同，投资者的资金注入企业时都根据其投资规模获得相应份额的所有权。从这个角度来讲，投资退出方式总体上可以区分为产权转让和清算两种。清算通常发生在投资完全失败、被投资企业终止经营的情况下；产权转让通常是在被投资企业正常经营情况下投资人主动采取的所有权交易行为。根据交易方式、对象等的不同，产权转让主要包括首次公开发行并上市（IPO）退出、回购退出、股权转让退出等方式；产权转让根据价格形成方式又包括协议转让和竞争性转让。

1. IPO 退出

IPO 退出是指投资者利用被投资企业首次公开发行股票并上市交易，将拥有的企业所有权转化为公众公司的股权，通过股票二级市场流通转让所有权而实现退出。在这种投资退出方式下，退出时机的选择相对简单，如果投资目标已经实现，那只需要根据基本分析和技术分析选择相对价格高点卖出股票即可完成退出，退出操作容易，所有权变现能力很强。而且，这种方式的退出并不影响公司的资本结构和所有权结构，对公司发展影响较小。当然，如果是大股东或者战略投资者等，其通过 IPO 方式实现退出时可能会在特定的时间范围内受到相关政策的制约，比如我国对战略投资者、发起人股份等在二级市场上的限售规定。需要说明的是，虽然 IPO 退出的操作简单，但由于 IPO 退出的周期较长、手续烦琐，不同国家（地区）IPO 退出的条件也有很大不同，不确定性很高。

2. 股权转让退出

股权转让退出指的是投资者在条件成熟时，通过将所持有的所有权转让给第三方，进而实现资本退出的方式。在将所有权转让时，根据转让价格的形成不同，可以分为协议转让和竞争性转让。无论何种具体转让方式，退出收益的实现依然是首要目的。协议转让通常是投资者与潜在投资者之间通过友好协商，议定交易规模和价格、交割时间和地点，最终完成所有权转让实现投资退出；协议方式下的价格确定与双方的谈判能力、信息水平以及商业关系等密切相关；而竞争性转让是在投资者拟转让所持所有权时，在产权交易市场上，按照市场制度、规则，多个不同的购买者相互竞争，以拍卖的方式确定交易价格的所有权转让方式，最终完成所有权转让实现投资退出。竞争转让方式下形成的价格往往是公允价格。无论是协议转让还是竞争性转让，购入所有权的第三方可以是和企业没什么关系但对其所涉行业、所生产产品感兴趣且对未来有信心的投资者，也可以是所投资企业的竞争对手、战略投资者。所有权的购买方不同，对企业发展的影响不同，其退出的时间周期、难易程度等也有不同。受制于我国能源管理制度，煤炭企业所有权转让受让方的身份、意图等可能要经过主管部门的审查，存在一定的不确定性。

3. 股权回购退出方式

股权回购退出是指投资持续期达到约定期限后，根据投资契约约定或者平等协商，被投资企业按照一定的价格从投资者手中购回股权，从而实现投资者的资本退出。根据股权回购时回购受让主体性质的不同，股权回购有管理层收购、员工收购和企业回购三种具体常见形式。管理层收购是企业高层管理人员或者其他合伙人按照相关规章制度，经股东大会通过和主管部门审查批准后回购企业的股份而实现投资退出。员工收购和管理层收购的主要区别不仅在于收购人主体身份的不同，而且，管理层收购方式下，由于收购主体人数较少，因此收购的结果往往带来股权集中度的上升，这种方式对企业发展影响比较大，产权结构也会发生改变，特别是在大股东股权转让时。而在员工收购下，员工群体人数众多，不易出现股权集中度大幅度上升的现象。通常，管理层收购较员工收购有更严格的条件。企业回购退出方式下，投资者所有权转让的受让方是被投资企业本身，企业利用法人财产回购股份。通常情况下，回购退出方式在多数国家都有比较严格的条件，因此不易实现。

4. 清算退出方式

清算退出方式是企业投资者在投资后发现最初的判断失误，或者被投资项目运行等出现实质性失败且在可预期范围内难以扭转，财务状况恶化，预期的盈利无法实现。此时，为阻止投资损失的继续放大，投资者之间经协商一致，终止相关项目运行，推动公司进入清算程序。选择清算退出方式往往是陷入困境的投资者无可奈何的选择，同时也是资本退出方式选择的最后防线。当然，清算本身就是投资市场优胜劣汰机制的现实体现，大浪淘沙，总体上是有利于市场发展的。

三、退出时机与退出程度的决定

（一）基本假设

通过对我国煤炭企业所有权现状的分析可以发现，我国煤炭企业在所有权结构中，尽管投资主体多元化已经取得一定的进展，但受我国资源和能源管理制度历史和现实的影响，当前煤炭企业中国有股权依然占据主导地位，其他多元投资主体的所有权比例较低，对煤炭企业的控制力、影响力相对较弱。从煤炭企业发展以及国有资产保值增值的角度出发，这里我们暂不考虑国有资本的退出，而将主要精力放在其他股东投资退出决策的分析方面。由于其他股东退出必然涉及与国有股权的关系协调，在研究其他股东退出时机与退出程度的决定时，主要是从两者关系协调的角度展开。

为了能够集中分析并呈现两者的关系协调与退出决策，以下将对两者关系进行抽象，假设一个完全完美信息下的动态博弈局面进行展开。在这个动态模型中，博弈的双方是国有资本和中小资本，并将其人格化。

首先，假设国有资本的收益函数为 π_1，并将获知的中小资本的收益函数纳入自身收益函数的决定，并根据中小资本的反映给予激励和合作支持，激励与支持的力度记为 z_{t-1}，$z_{t-1} > 1$。其次，能力为 μ 的中小资本得到国有资本激励与合作支持的信息后决定自身的态度 e_t 和股权投资比例 i_t，i_t 的降低幅度反映投资退出的程度，i_t 同时决定中小资本的贴现水平 r_t，$r(i_t)$。最后，中小资本获得收益 R_t 从更符合现实的角度考虑，中小投资者不可能将全部可投资资金都投入煤炭企业，因此，这里假设其投入煤炭企业的比例和非煤炭企业的比例分别为 i_t 和 $1 - i_t$，因此 R_t 将由在煤炭企

业的投资收益 AR_{t-1} 和非煤炭企业的投资收益 BR_{t-1} 构成。假设资本进入煤炭企业之后企业最初的快速成长以乘数 ω 反映，当 ω 达到某一临界水平 $\hat{\omega}$ 时，ω 的密度函数为 $f(\omega)$，分布函数为 $F(m)$；中小资本会选择退出并获得退出为 ϑ。为简单起见，假设其他企业投资没有这种特征。收益 R_t 与中小资本的能力 μ、态度 e_t，得到的激励与支持的力度记为 z_{t-1}，投资规模 I_{t-1}，贴现率 r_t，行为成本 $c(e_t)$，$c>0$，$c'>0$，$c''>0$；随机扰动因素 λ_t 有关，$\lambda_t \sim N(0, \sigma_\lambda^2)$。

从实际情况出发，国有资本对中小资本的激励与合作支持力度选择的基本依据是自身收益的最大化。由于中小资本的加入，有利于煤炭企业所有权结构优化和公司治理的完善，同时通过引进外部资本可以扩大煤炭企业规模，获得规模报酬，且拥有新技术的中小资本的加入，通过企业间的关联关系也能带动煤炭企业的技术升级；同时，在煤炭企业投资主体多元化的过程中，国有资本若在民间资本进入时有退出，则退出的国有资本可以投向其他领域获得收益，国有资本即使在民间资本进入时不退出，但其对民间资本的激励和合作支持度的上升，也会通过民间资本投资在煤炭企业和非煤炭企业之间的结构调整而获益。很显然，国有资本的收益并不完全等于被投资的煤炭企业的收益，因此，假设我国国有资本在投资主体多元化的过程中所获得的利益具有乘数 $\bar{\omega}$，考虑到国有资本的激励与配合存在成本 $c(z)$，$c>0$，$c'>0$，$c''>0$，国有资本的贴现率为 $\tilde{r}$。

（二）动态博弈模型

（1）中小资本在第二期的收益函数为

$$R_{t-1} = f(e_{t-1}, z_{t-1}, i_{t-1}, r_{t-1}, \lambda_{t-1}, \mu) \tag{7-1}$$

即

$$R_{t-1} = AR_{t-1} + BR_{t-1} \tag{7-2}$$

其中

$$BR_{t-1} = r_t[e_{t-1} + \mu + (1-i)I_{t-1} + \lambda_t] - c_2(e_{t-1}) - (1-i)I_{t-1} \tag{7-3}$$

$$AR_{t-1} = r_t[\omega(1+\vartheta)(e_{t-1} + z_{t-1}iI_{t-1} + \mu + \lambda_t)] - c_1(e_{t-1}) - iI_{t-1} \tag{7-4}$$

中小投资者的目标为

$$\max E(R_{t-1}) = E(AR_{t-1} + BR_{t-1}) \tag{7-5}$$

假设中小资本成功推出的条件是退出净收益大于等于 0，即 $\hat{\omega}$ 对应净收益为 0 的状态

$$r_t[\omega(1+\vartheta)(e_{t-1} + z_{t-1}iI_{t-1} + \mu + \lambda_t)] > c_1(e_{t-1}) + iI_{t-1} \tag{7-6}$$

由式（7-6）得到

$$\hat{\omega} = \frac{c_1(e_{t-1}) + iI_{t-1}}{r_t[(1+\vartheta)(e_{t-1} + z_{t-1}iI_{t-1} + \mu + \lambda_t)]} \tag{7-7}$$

结合式（7-6）、式（7-7），得到

$$AR_{t-1} = r_t \left[\begin{array}{c} \int_0^{\hat{\omega}} \omega(e_{t-1} + z_{t-1}iI_{t-1} + \mu + \lambda_t)\mathrm{d}F(\omega) + \\ \int_{\hat{\omega}}^{\infty} \omega(1+\vartheta)(e_{t-1} + z_{t-1}iI_{t-1} + \mu + \lambda_t)\mathrm{d}F(m) \end{array} \right] -$$

$$[c_1(e_{t-1}) + iI_{t-1}] \tag{7-8}$$

将式（7-3）和式（7-8）代入式（7-5），有

$$\max E(R_{t-1}) = E(AR_{t-1} + BR_{t-1})$$

$$= r_t[e_{t-1} + \mu + (1-i)I_{t-1} + \lambda_t] - c_2(e_{t-1}) - (1-i)I_{t-1} +$$

$$r_t[\int_0^{\hat{\omega}} \omega(e_{t-1} + z_{t-1}iI_{t-1} + \mu + \lambda_t)\mathrm{d}F(\omega) +$$

$$\int_{\hat{\omega}}^{\infty} \omega(1+\vartheta)(e_{t-1} + z_{t-1}iI_{t-1} + \mu + \lambda_t)\mathrm{d}F(m)] -$$

$$[c_1(e_{t-1}) + iI_{t-1}] \tag{7-9}$$

s. t. $c > 0$, $c' > 0$, $c'' > 0$, $i \in (0, 1)$

求解最优状态下的中小资本态度和投资比例，一阶条件为

$$\frac{\partial E(R_{t-1})}{\partial e_{t-1}} = r - c'_1 - c'_2 + r[\int_0^{\hat{\omega}} \omega\mathrm{d}F(m) + \int_{\hat{\omega}}^{\infty} \omega(1+\vartheta)\mathrm{d}F(m)] -$$

$$r\hat{\omega}\vartheta(e_{t-1} + z_{t-1}iI_{t-1} + \mu)f(\hat{\omega})\frac{\partial \hat{\omega}}{\partial e_{t-1}} = 0 \tag{7-10}$$

$$\frac{\partial E(R_{t-1})}{\partial i} = I_{t-1} - z_{t-1}I_{t-1}[\int_0^{\hat{\omega}} \omega\mathrm{d}F(m) + \int_{\hat{\omega}}^{\infty} \omega(1+\vartheta)\mathrm{d}F(m)] +$$

$$\hat{\omega}\vartheta(e_{t-1} + z_{t-1}iI_{t-1} + \mu)f(\hat{\omega})\frac{\partial\hat{\omega}}{\partial i} = 0 \qquad (7-11)$$

由式（7-10）和式（7-11）可以得到 $\partial i/\partial e_{t-1}$，从而表现出中小资本态度变化对投资退出决策的影响。

（2）国有资本的收益函数为

$$\pi_t = \tilde{r}^2[e_{t-1} + \mu + (1-i)I_{t-1} + \lambda_t] - \tilde{r}c_2(e_{t-1}) +$$

$$\tilde{r}^2\left[\begin{array}{l}\int_0^{\hat{\omega}}\omega(e_{t-1} + z_{t-1}iI_{t-1} + \mu + \lambda_t)dF(\omega) + \\ \int_{\hat{\omega}}^{\infty}\omega(1 + \varpi)(e_{t-1} + z_{t-1}iI_{t-1} + \mu + \lambda_t)dF(m)\end{array}\right] -$$

$$\tilde{r}c_1(e_{t-1}) - \tilde{r}I_{t-1} - c_{t-2}(z) \qquad (7-12)$$

国有资本的目标为

$$\max\pi_t = \tilde{r}^2[e_{t-1} + \mu + (1-i)I_{t-1} + \lambda_t] - \tilde{r}c_2(e_{t-1}) +$$

$$\tilde{r}^2\left[\begin{array}{l}\int_0^{\hat{\omega}}\omega(e_{t-1} + z_{t-1}iI_{t-1} + \mu + \lambda_t)dF(\omega) + \\ \int_{\hat{\omega}}^{\infty}\omega(1 + \varpi)(e_{t-1} + z_{t-1}iI_{t-1} + \mu + \lambda_t)dF(m)\end{array}\right] -$$

$$\tilde{r}c_1(e_{t-1}) - \tilde{r}I_{t-1} - c_{t-2}(z) \qquad (7-13)$$

s.t. $z>1$, $c>0$, $c'>0$, $c''>0$

求解最优状态下国有资本对中小资本激励与合作支持的力度，一阶条件为

$$\frac{\partial\pi_t}{\partial z_{t-1}} = \tilde{r}^2(e'_{t-1} - i'I_{t-1}) - \tilde{r}c'_1(e_{t-1})e'_{t-1} +$$

$$\tilde{r}^2[\int_0^{\hat{\omega}}\omega iI_{t-1}dF(m) + \int_{\hat{\omega}}^{\infty}\omega(1 + \varpi)iI_{t-1}dF(m)] +$$

$$\tilde{r}^2\hat{\omega}\varpi(e_{t-1} + z_{t-1}iI_{t-1})f(\hat{\omega})\frac{\partial\hat{\omega}}{\partial z_{t-1}} - \tilde{r}c'_2(e_{t-1})e'_{t-1} -$$

$$c'_{t-2}(z_{t-1}) = 0 \qquad (7-14)$$

由式（7-10）和式（7-11）得到 i，代入式（7-14），则可以得到最优状态下国有资本对中小资本的激励与合作支持程度。

四、所有权竞争性转让下退出价值的决定

考虑煤炭企业投资主体多元化和公司治理的现实特征，各类资本进入煤炭企业后，不同性质的资本之间既会因合作产生利益，也会因为意图和发展思路等方面的分歧而产生彼此的利益损害。如果这种损害大到一定程度，则可能导致投资失败。因此，这两个方面同时会对多元投资主体下煤炭企业所有权价值产生影响，导致资本退出价值的波动。由于在某一特定的时刻，部分资本可能会展开投资退出的决策，而其余资本虽尚未有类似想法但也期待能早日获得更多收益，因此我们也假设这类未打算退出的资本具有时间偏好。因此，相关模型应该是一个动态的跨时分析模型。

（1）基于上述观点，考虑饱和效应的发挥，ε 为饱和系数；假设 c 为多元主体之间关于企业发展观点分歧带来的利益损害；α 表示利益损害系数；v 表示企业价值，v_1 表示拟退出资本所拥有的所有权价值，v_2 表示拟退出资本之外所有权的价值，v_1 和 v_2 之间相依变化；v 的增长率和损失率分别为 η 和 μ；π 表示多元主体之间良好协作产生的利益；ρ 表示中小资本的投资比例，a 表示企业价值变化特征；α 和 a 分别表示 η 和 μ 的变化系数；t 表示时间，有

t 时的价值损害函数为

$$c = -\alpha v \tag{7-15}$$

t 时的价值利益函数为

$$\pi = \rho a \tag{7-16}$$

则企业的价值存量变化函数为

$$\frac{\partial v}{\partial t} = \eta(t) - \mu(t) = (a - \alpha)t - \varepsilon v^2 \tag{7-17}$$

其中，$\eta = at + \beta$，$\mu = \alpha t + \delta$。

（2）考虑到未打算退出的资本具有时间偏好的假设，在上述所呈现出的拟退出资本和其余资本的价值关系中，假设作为所有权转让的受让方的其余资本 i 为风险中性，追求剩余最大化；i 的瞬时效用为 u_i^t，其在 t 时刻的总效用为 $U_i^t(u_i^t,\ u_i^{t+1},\ \cdots,\ u_i^T)$；未来价值和当前价值之间的贴现系数为 $\lambda(\lambda > 0)$，由于存在时间偏好，即对未来价值的时间容忍度，可设该容忍度参数为 $\varphi(\varphi < 1)$。根据假设 i 的效用函数有时间偏好特征，该函数由 t 时的瞬时效用和未来效用的贴现和构成为

$$U_i^t = \lambda^t u_i^t + \varphi \sum_{t+1}^{T} \lambda^t u_i^t \tag{7-18}$$

（3）拟退出资本将占被投资企业所有权比例为 χ 的所有权一次性出售给其他投资者 i，为简单起见，假设这些所有权转让中的受让方投资者均为风险中性；其他投资者 i 根据自身获得的所有权价值信号 x_i 来预期所有权价值 v_i。由于是竞价转让，一个投资者的高价会对其他投资者产生正向影响，从而引导价格攀升；所以潜在的所有权购买者所拥有的信息满足正关联条件。其他投资者为得到所有权而支付的价格为 p。i 根据掌握的信息形成对于受让所有权价值的判断：$v_i = E[v \mid x_1,\ x_2,\ \cdots,\ x_n]$；为了得到 i 关于受让股权价值判断的分布情况，不妨令 $Y_1 = \max(v_1,\ v_2,\ \cdots,\ v_n)$，$Y_2 = \max(v_2,\ v_3,\ \cdots,\ v_n)\cdots Y_{N-1}$，其对应的条件概率分布函数和概率密度函数分别为 $F_{n-1}(y \mid x)$ 和 $f_{n-1}(y \mid x)$，因此

$$v(x,\ y) = E(\pi(v) \mid x,\ y) \tag{7-19}$$

定义部分资本退出后，得到该部分股份的其他投资者 i 对公司经营管理带来促进作用进而使得企业所有权增值，根据式（7-17），这种所有权的增值记为 ϕ_i^t，在时刻 t 存在

$$\frac{\partial \phi_i^t}{\partial t} = \eta - \mu = (a - \alpha)t - \varepsilon \phi_i^2 \tag{7-20}$$

企业内所有投资者良好协作产生的总的价值增值为 $\phi = \sum \phi_i$。

对于受让所有权的投资者 i 而言，其 t 时刻的瞬时效用为

$$u_i^t = \chi_t \phi_i^t \tag{7-21}$$

对于受让所有权的投资者 i 而言，结合式（7-18），其 t 时刻的总效用为

$$U_i^t(u_i^t, u_i^{t+1}, \cdots, u_i^T) = \lambda^t(\chi_i \cdot \phi_i^t) + \varphi \sum \lambda^t(\chi_i \cdot \phi_i^t) \tag{7-22}$$

此时，购入所有权的投资者 i 的预期剩余价值为

$$\int_y (v_i + \chi_i \phi_i^t - p_i) f_{n-1}(y \mid p_i) \mathrm{d}y \tag{7-23}$$

退出资本的剩余价值

$$\int_y \sum p_i f_{n-1}(y \mid p_i) \mathrm{d}y \tag{7-24}$$

作为股权转让中受让方的投资者 i 取得所有权后，预期的股权价值为

$$\int_y (v_i + \varphi_i) f_{n-1}(y \mid p_i) \mathrm{d}y \tag{7-25}$$

从所有购入股权的投资者的角度来说，其参与股权竞争性转让交易，必须满足式（7-26），否则其将没有参与股权竞争性转让交易的动力，其反映的基本经济意义为，投资者根据对股权价值的预期以及基于其所确定交易价格参与竞争性转让交易，所得到的真实效用一定不小于基于预期的竞争性交易所产生的净效用，这也可以称为式（7-28）的激励相容条件

$$\int U_i^t f_{n-1}(y \mid v) \mathrm{d}y \geqslant \int (v_i + U_i^t - p_i) f_{n-1}(y \mid p) \mathrm{d}y \tag{7-26}$$

对于股权竞争性转让交易来讲，所有股权购买者基于预期的竞争性交易所产生的净效用一定非负，否则其没有参与交易的积极性，这也可以称为式（7-27）的参与条件

$$\int (v_i + U_i^t - p_i) f_{n-1}(y \mid p) \mathrm{d}y \geqslant 0 \tag{7-27}$$

假设退出资本在退出时所呈现的价值大小能够反映其在过去投资阶段的良好作风，从而能为退出后的再次投资降低交易成本，把过去良好作为对未来交易成本的影响系数记为 ξ，则退出资本所的总收益就由两部分构成，一是所有权转让时的价格收益，二是过去良好作为对未来交易成本降低产生的收益，其目标是实现总收益最大化

$$\max \int_y \sum p_i f_{n-1}(y \mid p_i)\,\mathrm{d}y + \xi \int_y (v_i + \chi_i \phi_i^t) f_{n-1}(y \mid p_i)\,\mathrm{d}y \qquad (7-28)$$

式（7-28）最优状态决定投资退出所有权竞争性转让的价格高低和退出资本的价值。

当然，若我们将企业全部的资本区分为退出资本和非退出资本，若以 v_1 表示退出资本所拥有的所有权价值，v_2 表示退出资本之外所有权的价值，v_1 和 v_2 之间相依变化，则这两种资本之间的价值变化函数为

$$\frac{\partial v_1}{\partial t} = (a_1 - \varepsilon_1 v_2)v_1 - \alpha_1 v_1 \qquad (7-29)$$

$$\frac{\partial v_2}{\partial t} = (a_2 - \varepsilon_2 v_1)v_2 - \alpha_2 v_2 \qquad (7-30)$$

v_1 和 v_2 随着时间的推移都不再发生变化时，式（7-29）、式（7-30）为 0 时得到最优化条件

$$v_1 = v_2 = (a_2 - \alpha_2)/\varepsilon_2, \quad a_1 - \alpha_1 = a_2 - \alpha_2 \qquad (7-31)$$

这是退出资本和其他资本之间合作共赢的状态。

上述分析的过程不仅呈现了所有权竞争性转让的价格和退出价值如何被决定，同时也说明，这个最优价格和价值的决定过程中，既有被投资企业内部不同投资主体之间的协作或分歧的影响，也有投资主体的风险态度、价值观等个人特质因素的影响；既有股权价值预期等主观因素的影响，也有内外部投资主体互动的客观因素影响和宏观环境所产生的市场竞争格局与状态的影响。所有权竞争性转让中的价格决定是一个存在多种影响因素的复杂问题，出清价格的形成过程既是投资退出过程，也是新资本进入过程；既是新老股东之间的博弈和身份转换，也是市场维护投资效率的微观机制。

第八章
结 论

现阶段，我国在矿业投资理论研究与实践探索方面的成果比较丰富，但对多元投资主体下煤炭企业投资运行机制的研究相对较少。本书在总结矿业投资研究成果的基础上引入多元投资主体、对煤炭企业投资运行机理和规律进行分析，既可以丰富投资理论体系，也可以为我国煤炭企业的改革和可持续发展提供理论借鉴。

一、结论与建议

投资运行机制贯穿于投资形成、投资分配、投资运营和投资回收的全过程，表现为投资系统及其各组成部分在投资活动各个环节之间相互联系和相互制约的经济关系。本书通过对现代投资理论与实践、投资模式与投资运行机制、公司所有权结构与投资绩效研究成果的综述，总结投资主体、投资模式与投资运行机制及煤炭企业绩效改善的关系，分析了煤炭企业投资运行机制的特征及其存在典型问题的解决思路。在厘清我国煤炭企业发展的基本状况以及存在问题的基础上，探讨多元投资主体下煤炭企业投资的投入机制、投资管理机制及其激励机制和投资退出机制。分析多元投资主体下的组织行为及其影响下的决策过程，根据投资主体的性质、投资项目属性等因素，研究特定的融资模式，继而构造出多元投资主体下特定的投资决策与投入机制；分析多元投资主体下投资管理的基本范畴与内容，探讨投资主体多元化对投资策略形成的影响，以及不同性质投资主体在投资运营过程中的分配机制、利益冲突与协调机制；作为投资运行机制的重要环节，投资退出的原因、退出形式、退出时机和退出作用也是重要的研究内容。这三个方面构成本书的核心和关键。前者主要涉及投资主体多元化背景下的融资决策机制，对不同投资主体的异质性、不同的投资来源、渠道和方式各个组成部分进行分析，对投资主体的性质与融资形式、投资主体间的关系与融资组合的关联性进行分析；受投资主体性质、投资项目属性等共同影响，形成多元投资主体下特定的决策机制；后者主要涉及不同投资主体的性质与企业经营管理机构及其人员的关系，借助委托代理分析框架和激励理论，通过管理架构优化和激励措施来协调投资主体间的利益冲突，探讨多元主体下的投资管理机制。

（1）从煤炭企业投资决策角度来看，当前煤炭企业的所有权结构是投入决策出现失当的重要原因，投入决策的优化不仅涉及融资模式，也与融资契约中关于责、权、利以及监督与制衡机制的安排有关。就我国煤炭企业的实际情况来看，煤炭产业在改革的过程中，资源管理体制、国有股权的所有权模式和非市场化剥离非核心资产的改制模式都使得煤炭企业和政府（机构）之间存在密切的利益关联。结果是煤炭企业受政府影响大、国有股权比例高，股权集中度高，非国有资金比重低，出资人多元化有待进一步深入发展，相关法律法规不健全或者执行不力，这些都使得国有股权几乎完全控制企业发展、左右投资决策并使内部控制流于形式成为煤炭企业的普遍现象。在当前这个特定的制度环境下，当司法体系、市场制度体系不能形成对相关者利益的有效保护时，所有权结构、融资结构作为企业最重要的内部治理机制，其影响就显得尤为重要。一旦缺乏完善的内部治理机制以及对中小投资者利益的有效保护机制，拥有控制权的大股东为谋取控制权私利，就存在强烈的推动投资主体多元化、实现不影响控制权、绝对或者相对减持的动机。当然，通过投资主体多元化，适当地让渡控制权，既可以在形式上增加治理监督主体，又可以给外部融资人以吸引力。在这个过程中，更多性质类型出资人的加入、更多类型债权人的加入、负债比率的提高等方面的变化就是融资结构的调整过程。值得一提的是，在投资项目融资环节，进行投资主体多元化引进其他投资主体资本时，大股东的不减持承诺本身就是一种赋予外部融资人信心的担保机制。

（2）煤炭企业投资后的管理过程中，现实的股权结构、实际控制权结构以及控制权配置与控制权利益关系的特殊性是日常投资管理过程中利益冲突的重要根源，良好的内部治理以及有效的高管层激励是改善煤炭企业投资绩效的重要抓手。当前的资源管理体制和投资管理体制塑造我国煤炭产业和产业内企业的特殊治理特征。与发达经济体相比，我国煤炭企业股权结构的具体背景决定了我国煤炭企业治理有自己的特殊性。目前国内上市国有煤炭企业虽然也力图实现投资主体的多元化，引进国内一般法人、自然人、境外法人等不同性质的投资主体，但其持股比例依然很低，无法有效地参与公司日常的经营管理活动中，基本上无法对公司决策与管理形成有效的监督与制约。股权高度集中导致的控股股东内部人控制现象，加上煤炭资源、煤炭产业以及煤炭企业在地方政府政绩中的特殊地位，使得控制权私利谋取较严重的是地方国资委和其他机构共同拥有控制权的地方煤炭企业，控制权私利谋取较轻的地方国资委直接拥有控制权的煤炭企业，央企控股上市公司控制权利益谋取的动机和程度最弱。以国有煤炭企业为例，存在着国家、政府和企业三者之间的双重委托—代理关系，使得煤炭企业管理层道德风险的产生除了如个人利益最大化、委托人和代理人信息不对称等一般性原因外，也有如实际发展和改革目标由差距、制衡机制不完善、人员选聘制度不完善和我国资源、能源管理制度不完善等特定问题，使得煤炭企业高管人员道德风险的产生有其特殊性，对高管人员的有效激励也成为非常重要的问题。

这个问题的解决，不仅涉及如何配置与形成控制权，如何恰当地监督、评价和激励高层管理人员，也是公司治理中的重要环节和重要问题。

尽管国家为保障国有股权利益也进行了一系列改革和相应的制度安排，但有关煤炭企业内部治理中的监督约束和激励机制的理论和实践仍然有必要做进一步探讨。在投资主体多元化的背景下，股权或者剩余索取权的分散虽然有利于企业从多方面筹措资金扩大生产规模并实现风险分散，但也使得所有者的监督成本提高。为避免管理者低能或者有能力却不努力引发的低效率，将日常的经营管理权委托给高效能的管理者，并通过行之有效的激励和约束机制来促使高层管理者能为委托人的利益行事，从而遏制高管的道德风险。因此，激励机制的核心之一便是能够通过契约对高管人员的消极行为或损公肥私的行为进行预防或者惩戒，促使高管人员努力为出资人的财富最大化服务，不断降低代理成本，进而实现既能留住人才也能人尽其才，同时能协调高管人员、所有者和企业三方关系的良好状态。

（3）投资退出同时受企业内部和外部多种因素的影响，投资退出不仅是涉及退出的渠道或者方式，更重要的是退出时机以及退出定价问题。所有权竞争性转让的价格和退出价值如何被决定的过程中，既有被投资企业内部不同投资主体之间的协作或分歧的影响，也有投资主体的风险态度、价值观等个人特质因素的影响；既有股权价值预期等主观因素的影响，也有内外部投资主体互动的客观因素影响和宏观环境所产生的市场竞争格局与状态的影响。投资退出决策是一个存在多种影响因素的复杂问题，出清价格的形成过程既是投资退出过程也是新资本进入过程，既是新老股东之间的博弈和身份转换，也是市场维护投资效率的微观机制。

我国当前煤炭企业投资运行机制中主要问题的形成，主要与两个基本问题有关，一是具有中国特色的企业基础导致的企业运行机制不畅；二是煤炭产业发展中的地方—企业同盟。由于煤炭产业发展事关我国能源安全和国民经济发展，我国煤炭产业领域的市场化程度尚有待进一步深化。煤炭产业市场化快速发展的过程中，市场有效调节产业发展的机制尚未有效建立，行政意图等非市场化因素影响明显，表现出"中国特色"。具体来说，当前我国的煤炭产业以国有为主，其他所有制为辅，我国煤炭产业的这种企业基础和发达经济体的市场结构存在显著不同。因此，我国国有煤炭企业存在预算软约束、盲目生产和重复投资等典型问题。考虑到我国煤炭企业担负的、具有一定程度矛盾与冲突的社会责任和经济效益双重任务，国有煤炭企业投资行为及其过程存在很大的矛盾和冲突，使得企业在违背经济规律的情况下继续扩张投资。这些问题和我国在财政体制与地方官员考核制度等方面存在的问题相互叠加，使得煤炭企业投资行为在一定程度上存在盲目性。再者，近年煤炭行业资本的大量涌入，地方政府的影响力不可忽视。在我国煤炭产业的当前格局中，煤炭企业的投资受到地方政府的直接约束，这种约束主要通过对煤炭企业投资项目的审批来实现。这意味着，煤炭企业投资行为的选择，同时考虑市场最优和所属地方政府利益最优。分析我国煤炭企业投资与地方投资的关系可以发现两者之间的某种暗合，而且，当前的地方政府官员考核和晋升体制使得地方政府在煤炭产业投资上有意无意地执行宽松甚至推动的措施，其急功近利也直接导致产业发展和企业投资运行机制的不畅。这些方面的问题既使得我国煤炭企业的投资运行机制具有个性化的特征，又需要通过如混合所有者改革等不断地推进投资主体的多元化，更重要的是通过制度变革，不断完善煤炭企业内部治理的重要性。

二、研究展望

投资主体多元化背景下，关于煤炭企业的投资运行机制的研究，涉及投资、融资、日常管理、高管人员激励、投资回收等一系列复杂的问题，这些问题的有效解决，不仅事关企业内部治理结构的优化，也与当前制度调整有关，多因素的复杂影响相互叠加，使得相关问题的研究需要关于金融学和信息经济学方面扎实的基础；而且，投资运行机制往往涉及特定经济体的相关制度安排，因此，运行机制中各种利益冲突与协调，也需要大量的制度经济学分析方法和技术，笔者在这些方面的欠缺不可避免地造成了分析中的不全面、不足甚至不当之处。另外，由于我国在煤炭企业中推进投资主体多元化的时间不长，改革不够深入，投资主体多元化对煤炭企业内部治理优化的影响也许量化研究进行进一步考量，但限于实际数据的可获得性以及本书的侧重，这个重要的方面也未及时展开。这些不能不说是一种遗憾，当然，也构成笔者以后进一步努力学习、深入研究的方面。

煤炭行业作为我国重要的能源行业，受其自身行业属性、发展历程及国家政策干预的影响，长期以来在投资方面存在很多问题，严重影响煤炭企业的运营效率和可持续发展。近年来，国家推动煤炭企业引进民间资本、实施投资主体多元化、进行如混合所有制改革等旨在完善煤炭企业现代治理，提升投资效率。尽管一系列改革措施也取得一定的成果，但是距离从根本上解决问题尚存相当的空间。基于此，如何恰当地利益混合所有制改革等手段有效地推进煤炭企业投资主体的多元化，以及在当前的制度框架下，通过良好的契约设计来助推煤炭企业内部治理完善进而提升其投资运行机制的效率；通过制度顶层设计，良好地处置国有资本与民间资本利益、所有者和高管人员、煤炭企业经济责任与其社会责任等之间的利益与冲突协调，推动煤炭企业健康发展，都是值得进一步研究的问题。

参考文献

［1］ Arnaud, Dave, Donaldson. Ricardo's theory of comparative advantage: Old idea, new evidence ［J］. American Economic Review, 2012, 20 (5): 453 – 457.

［2］ Ana Escalona Vibor. Factors and limits of interurban industrial decentralization the case of Zaragoza (Spain) ［J］. European Urban & Regional Studies, 2012, 12 (19): 420 – 433.

［3］ Bekir Civalek. Buckling analysis of functionally graded microbeams based on the strain gradient theory ［J］. Acta Mechanica, 2013, 35 (22): 2185 – 2201.

［4］ Bond Iwasa, Eric Kazuo. The dynamic heckscher – ohlin model: A diagrammatic analysis ［J］. International Journal of Economic Theory, 2012, 39 (8): 197 – 211.

［5］ Boomsma Trine, Krogh Meade, Nigel Fleten Stein – Erik. Renewable energy investments under different support schemes: A real options approach ［J］. European Journal of Operational Research, 2012 (7).

［6］ Brown D B, Smith J E. Dynamic portfolio optimization with transaction costs: Heuristics and dual bounds ［J］. Management Science, 2011, 57 (10): 1752 – 1770.

［7］ Buckley Peter, Casson Mark. Marketing and the multinational: Extending internalization theory ［J］. Journal of the Academy of Marketing Science, 2011, 26 (39): 492 – 508.

[8] Cerias, Saxenaa, Stubbsra. Factor lignment problems and quantitative portfolio management [J]. Journal of Portfolio Management, 2012, 38 (2): 29 – 43.

[9] Chintakananda Asda. Market entry in the presence of network effects: A real options perspective [J]. Journal of Management, 2012, 12 (25): 1535 – 1557.

[10] Charlie. Reconsidering pay dispersion's effect on the performance of interdep endent work [J]. Human Resource Management Review, 2012, 35 (20): 590 – 610.

[11] Eljuri Elisbeth. Resource nationalism: The shock and the law [J]. Canadian Mining Journal, 2013, 86 (135): 10 – 15.

[12] Gordon Mark. Central place theory and its reemergence in regional science [J]. Annals of Regional Science, 2012, 8 (5): 405 – 431.

[13] Ibn – Mohammed T, Greenough R, Taylor S, et al. Integrating economic considerations with operational and embodied emissions into a decision support system for the optimal ranking of building retrofit options [J]. Building and Environment, 2014 (72): 82 – 101.

[14] Irena Giedre. The evaluation of social capital benefits: Enterprise level [J]. Business, Management and Education, 2011 (8): 109 – 126.

[15] Jeager Stephanie. Foreign mining investments [J]. Alaska Business Monthly, 2012, 16 (28): 106 – 107.

[16] Kriesler Peter Nevile. Dynamic Keynesian economics: Cycling forward with Harrod and Kalecki [J]. Cambridge Journal of Economics, 2012, 39 (36): 405 – 417.

[17] Kuhar Mark. Study links mining economic growth, environmental stewardship [J]. Rock Products, 2013, 17 (1): 42 – 43.

[18] Mangram Myles E. A simplified perspective of the Markowitz portfolio theory [J]. Global Journal of Business Research, 2013, 25 (7): 59 – 70.

[19] Masoud Najeb. Neoclassical economic growth theory: An empirical

approach [J]. Far East Journal of Psychology & Business, 2013, 36 (11):
10 – 33.

[20] Metzger Gale. In search of advertising ROI: The impossible dream
versus bounded rationality [J]. Journal of Advertising Research, 2013, 56
(53): 1 – 5.

[21] Menassa C, Ortiz – Vega W. Uncertainty in refurbishment investment
[A]//Pacheco F. Nearly Zero Energy Building Refurbishment [M]. London:
Springer – Verlag, 2013: 143 – 175.

[22] Munthali Thomas. Interaction of public and private investment in South-
ern Africa: A dynamic panel analysis [J]. International Review of Applied Eco-
nomics, 2012 (26): 597 – 622.

[23] Myles Danielle. How to protect FDI in Bolivian mining post – glencore
[J]. International Financial Law Review, 2012, 56 (9): 22 – 32.

[24] Oda Akimoto. An analysis of CCS investment under uncertainty [J].
Energy Procedia, 2011 (4): 1997 – 2004.

[25] Peefke Hendrik, Trocchi Mattia. Balanced scorecard for sustainable
supply chains: Design and development guidelines [J]. International Journal of
Productivity & Performance Management, 2013, 56 (62): 805 – 826.

[26] Popescu D, Bienert S, Schützenhofer C, et al. Impact of energy effi-
ciency measures on the economic value of buildings [J]. Applied Energy, 2012
(89): 454 – 463.

[27] Rajeev Meenakshi. Search cost, trading strategies and optimal market
structure [J]. Economic Modeling, 2012, 32 (29): 1757 – 1765.

[28] Reuter Wolf Heinrich, Fuss Sabine, Szolgayova Jana. Investment in
wind power and pumped storage in a real options model [J]. Renewable &
Sustainable Energy Reviews, 2012 (5).

[29] Smith. Dynamic ecision aking: A model of senior leaders making strate-
gic paradoxes [J]. Academy of Management Journal, 2013, 58 (57): 159 – 163.

［30］ Tole Koop. Do environment regulations affect the location decisions of multinational mining firms? ［J］. Journal of Economic Geography, 2011, 15 (11): 151 – 177.

［31］ Trigeorgi, Denis. Real options valuation of fusion energy R&D programme ［J］. Energy Policy, 2011, 25 (21): 25 – 30.

［32］ Vlado Vivoda. Determinants of foreign direct investment in the mining sector in Asia: A comparison between China and India ［J］. Resources Policy, 2011, 58 (1): 49 – 59.

［33］ Weik Juan. Concessions without investment plan to be transferred to government – bolivia ［J］. Metal Bulletin, 2011, 28 (19): 136 – 139.

［34］ Winter Michael. The dynamics of wealth, profit, and sustainable advantage ［J］. Strategic Management Journal, 2012, 65 (33): 1387 – 1410.

［35］ Wu N, John E P, Karen R P. The impact of future carbon prices on CCS investment for power generation in China ［J］. Energy Policy, 2013, 54 (3): 160 – 172.

［36］ Zhang X, Wang X, Chen J, et al. A novel modeling based real option approach for CCS investment evaluation under multiple uncertainties ［J］. Applied Energy, 2014, 113 (1): 1059 – 1067.

［37］ Zhu L, Fan Y. Modeling the investment in carbon capture retrofits of pulverized coal – fired plants ［J］. Energy, 2013, 57 (8): 66 – 75.

［38］ 安景文, 刘颖. 煤炭工业混合所有制改革投资主体权益问题分析 ［J］. 煤炭经济研究, 2014, 34 (5): 5 – 10.

［39］ 陈冲. 基于 DEA 模型的中国煤炭企业国际化投资效益分析 ［J］. 中国煤炭, 2014 (5): 19 – 22.

［40］ 陈静阳, 许若宁. 现代投资组合理论发展综述 ［J］. 中国高新技术产业, 2011 (4): 16 – 18.

［41］ 陈其慎. 中国矿业发展趋势及竞争力评价研究 ［D］. 北京: 中国地质大学, 2013.

［42］陈雪松．对加强国有煤炭企业投资管理的再认识［J］．煤炭经济研究，2007（1）：46－48．

［43］邓涛，刘红．沪深 A 股煤炭业股权结构与公司绩效的关系［J］．山东工商学院学报，2010（8）：24－27．

［44］丁全利．优化矿业环境消减投资风险——中外专家纵谈矿业投资环境［J］．中国国土资源，2014（10）：1－4．

［45］丁文兵．中央企业集团公司治理结构与治理机制研究——基于神华集团的案例分析［D］．北京：北京交通大学，2013．

［46］樊春燕．公司股权结构与营运资本组合政策的关系研究——来自中国制造业上市公司数据［D］．成都：西南财经大学，2013．

［47］范宝营，武予鲁．现代大型煤炭企业经典管理案例［M］．北京：中国经济出版社，2012．

［48］冯战选．关于完善煤炭基建投资管理体制的思考［J］．经济视角，2012（2）：19－20．

［49］冯之浚．循环经济导论［M］．北京：人民出版社，2004．

［50］谷梦宾．区域投资环境评价：理论、实践与反思［M］．北京：社会科学文献出版社，2012．

［51］顾桂兰．基于 TOPSIS 的协同商务利益分配机制研究［J］．企业经济，2011（3）：84－88．

［52］韩占兵．区域经济发展差异对企业融资结构影响的实证研究——基于上市公司面板数据模型的分析［J］．税务与经济，2011（1）：40－45．

［53］韩正宇．现代投资组合理论述评［J］．经济研究参考，2013（60）：53－61．

［54］郝凌瑞，余志勇．浅议煤炭企业投资决策控制和投资风险防范［J］．商业经济，2012（10）：66－67．

［55］衡敦兴．国有煤炭企业投资管理的问题及对策［J］．煤炭经济研究，2009（12）：53－55．

［56］侯利燕．新形势下煤炭企业投资决策研究［J］．财经界（学术

版），2015（3）：43－44.

［57］胡勇．加快建立西部地区煤炭资源开发利用的利益分配机制［J］.中国经贸导刊，2008（23）：27－29.

［58］贾蕊，邢鹏程．上市煤矿企业股权风险分析及对策［J］.煤炭技术，2014（2）：246－248.

［59］蒋建湘．我国国有公司股权结构及其法律改革——以公司治理效率为主要视角［J］.法律科学（西北政法大学学报），2012（6）：131－138.

［60］金丹．区域经济一体化的理论框架研究［J］.西部经济管理论坛，2014（3）：75－82.

［61］孔德明．内蒙古煤炭矿业权流转的探讨［J］.西部资源，2012，12（9）：131－133.

［62］李汉伟．国有煤炭企业投资风险管理机制研究及对策［J］.煤炭经济研究，2014（3）：72－74.

［63］李红霞．浅议大型煤炭企业战略发展与管控模式［J］.现代商业，2011（8）：54－55.

［64］李建．矿产资源地区间利益分配机制探讨［J］.商业时代，2012（11）：217－218.

［65］李雷，杨怀珍，谭阳波．基于Shapley值法的供应链上游段VMI的利益分配机制［J］.工业工程，2013（3）：33－38.

［66］李铭，沙景华．我国西部矿业投资环境评价［J］.资源与产业，2009（3）：100－102.

［67］李朋林，吕靖桦．论我国煤炭企业实行混合所有制的必然性［J］.煤炭经济研究，2014，34（5）：10－15.

［68］李瑞峰．中国煤炭市场分析与研究［J］.煤炭工程，2013（1）：1－3.

［69］李晓辉，周永源，高俊山．动态合作的利益分配机制设计［J］.技术经济与管理研究，2010（2）：27－31.

［70］李秀春．矿区可持续发展的模糊综合评价［J］.科技管理研究，

2008（6）：107-108.

[71] 李勇. 优化投资结构 控制投资规模 提高投资效益——对淮北矿业项目建设投资的几点思考 [J].煤炭经济研究，2010（12）：60-71.

[72] 李优树等. 矿业企业融资的国际比较与分析 [J].宏观经济，2013（2）：57-62.

[73] 梁贺新. 资产定价理论的历史演进与展望 [J].哈尔滨商业大学学报，2012（123）：31-39.

[74] 林斌，辛清泉，王彦超. 政府控制、经理薪酬与资本投资 [J].经济研究，2007（7）：111-210.

[75] 刘丹妮，俞程杰. 我国煤炭企业投资项目主要问题的思考 [J].经营管理者，2010（12）：56-57.

[76] 刘玢. 公司股权结构与公司绩效关系的综述与评论 [J].山东纺织经济，2012（2）：75-76.

[77] 刘萌. 煤炭上市公司股权结构对内部控制建设影响分析——基于哲学角度 [J].财会通讯，2014（8）：42-43.

[78] 刘小甲. 中国垄断性产业投资主体多元化改革与规制政策的探讨 [D].济南：山东大学，2009.

[79] 刘云龙，李世佼. 产学研联盟中合作成员利益分配机制研究 [J].科技进步与对策，2012（3）：23-25.

[80] 刘智琳，邓代君，曹鸿. 浅析现代投资组合理论 [J].现代商业，2013（1）：30-31.

[81] 陆大道，樊杰. 区域可持续发展研究的兴起与作用 [J].中国科学院院刊，2012（3）：147-149，290-309.

[82] 吕宾等. 中国矿业投资蓝皮书 [M].北京：中国地质出版社，2014.

[83] 马海涛，秦强. 促进就业与经济增长的财税政策研究 [J].河南税务高等专科学校学报，2009（2）：1-6.

[84] 赫尔曼·E. 戴利. 超越增长——可持续发展的经济学 [M].上

海：上海译文出版社，2005.

［85］牛文元. 中国可持续发展的理论与实践［J］. 中国科学院院刊，2012（3）：77－79.

［86］潘华星. 国有大型煤炭企业资源整合存在问题及政策建议［J］. 经济视角，2011（9）：86－88.

［87］屈耀明，张玉顺. 国外石油公司投资管理模式特点及借鉴［J］. 经济师，2011（6）：84－87.

［88］任晓东，韦方娥，李国民. 国内外大石油公司投资管理模式比较及启示［J］. 经济师，2011（8）：73－74.

［89］任子翔. 云南矿业投资发展有限公司发展战略研究［D］. 昆明：云南大学，2012.

［90］阮捷. 公司战略联盟利益分配机制模糊评价研究［J］. 企业技术开发，2008（2）：102－112.

［91］佘金凤，汤兵勇. 两层供应链制造商创新投资协调研究［J］. 科研管理，2008，7（4）：64－69.

［92］佘金凤，汤兵勇. 区域风险投资系统的协调发展与控制［J］. 科技进步与对策，2007（1）：87－90.

［93］沈维涛，胡刘芬. 专业化投资策略对风险投资绩效的影响及机理［J］. 山西财经大学学报，2014（5）：42－53.

［94］苏巍. 我国煤炭行业上市公司股权结构与公司绩效相关性的实证研究［D］. 太原：山西财经大学，2012.

［95］眭金龙. 矿业投资环境简析［J］. 经济研究导刊，2011（36）：192－193.

［96］孙易. 浅议煤炭企业投资项目风险防范［J］. 煤炭经济管理新论，2014（1）：347－352.

［97］谭欢. 期权博弈理论在大型工程项目投资决策中的应用浅析［J］. 现代经济信息，2013（1）：370－371.

［98］唐煜，高昊. 弹性系数、行业特性与我国煤炭消费安全［J］. 改

革，2012（8）：137 – 143.

［99］汪中华，李晓妍．基于熵值法的煤炭企业绿色投资效率评价研究［J］.国土与自然资源研究，2013（5）：137 – 138.

［100］王冰．上市公司股权结构与绩效关系国外理论综述［J］.北方经贸，2013（10）：98 – 107.

［101］王冰川．有效市场假说的再思考［J］.中国证券期货，2012（11）：259 – 260.

［102］王甫．国有大型企业投资管理体制存在问题的思考［J］.现代经济信息，2011（5）：41 – 44.

［103］王国印．论循环经济的本质与政策启示［J］.中国软科学，2012（1）：26 – 38.

［104］王焕香．加强煤炭企业投资决策控制 防范投资风险［J］.黑龙江科技信息，2011（30）：157 – 158.

［105］王慧炯等．可持续续发展与经济结构［M］.北京：科学出版社，1999.

［106］王军．可持续发展［M］.北京：中国发展出版社，1997.

［107］王习农．投资服务：确保投资促进成功的必要环节［J］.国际经济与合作，2011（1）：37 – 40.

［108］王习农．投资后期服务及其运行机制研究［J］.国际商务（对外经济贸易大学学报），2011（6）：92 – 99.

［109］王新红，魏润娜．煤炭上市公司资本结构与股权结构、资产规模关系研究［J］.财会通讯，2011（7）：31 – 33.

［110］王旭静．上市公司的股权结构与公司治理关系研究［D］.大连：大连海事大学，2013.

［111］王雪梅．直接与终极股权结构对公司价值的影响［J］.技术经济与管理研究，2015（12）：87 – 92.

［112］王云，王云珠．基于 SWOT 分析的煤炭企业战略转型研究［J］.当代经济管理，2012（2）：63 – 66.

［113］王振锋，丁清旭，李遂亮，高献坤．应用 ANP 的 Shapely 值法服务供应链系统利益分配研究［J］.世界科技研究与发展，2012（2）：337－340.

［114］王志要．关于构建集中专业化投资管理体制的探讨［J］.中国总会计师，2007（5）：73－74.

［115］卫亚楠．我国煤炭资源整合的现状及前景分析［J］.煤炭经济研究，2011（7）：86－88.

［116］吴和平．不确定性条件下的矿业投资风险分析与模拟［D］.长沙：中南大学，2008.

［117］吴吟．我国大型煤炭基地建设的实践与创新——谈内蒙古煤炭工业科学发展［J］.煤炭经济研究，2010，30（8）：3－7.

［118］夏桦．基于 SWOT 模型的西部矿业投资环境研究——以新疆矿业投资环境为例［D］.北京：中国地质大学，2010.

［119］徐飞，王烷尘．论可持续发展的内涵、原则及层次［M］.北京：科学技术文献出版社，1998.

［120］徐玖平，李斌．发展循环经济的低碳综合集成模式［J］.中国人口·资源与环境，2010（3）：1－8.

［121］徐铭辰，陈其慎，李建武，李鹏远，彭颖．全球主要国家矿业发展模式及趋势分析［J］.中国矿业，2011（4）：56－59.

［122］徐云松．区域经济理论：历史回顾与研究评述［J］.石家庄铁道大学学报，2014（3）：13－16.

［123］［英］亚当·斯密．国富论［M］.北京：中国华侨出版社，2010.

［124］闫晶晶，沙景华．矿业城市投资环境评估体系实证研究［J］.矿业研究与开发，2007（6）：89－91.

［125］杨朝峰，阮萍．终极所有权结构与上市公司现金持有探讨［J］.现代商贸工业，2010（8）：133－134.

［126］杨慧紫．基于实物期权法下油气勘探项目经济评价研究［J］.现代商业，2014（14）：74－75.

［127］杨林．公司股权结构、高管团队认知多样性与创业战略导向关

系研究［J］．科研管理，2014（5）：93 - 106．

［128］杨梅．基于实物期权理论的矿业投资时机研究［D］．长沙：中南大学，2012．

［129］杨敏英．建设新型国家战略能源基地的内蒙古煤炭工业发展战略［J］．煤炭经济研究，2010，30（10）：14 - 17．

［130］杨雁飞，王海龙．股权结构、资本结构和企业绩效——来自中国煤炭上市公司的实证分析［J］．市场论坛，2011（8）：31 - 32．

［131］杨勇攀，肖立军．矿产资源地区间利益分配机制探讨［J］．商业时代，2012（11）：137 - 138．

［132］姚华军等．和谐矿区建设形势分析与政策选择［J］．中国国土资源经济，2014（9）：56 - 59．

［133］姚立根，郭欢，谢林．煤炭企业混合所有制改革与公司治理机制优化［J］．煤炭经济研究，2014，34（5）：18 - 26．

［134］约翰·梅纳德·凯恩斯．就业、利息与货币通论［M］．北京：华夏出版社，2004．

［135］张晨曦，姜姣娇．有效市场假说的理论综述［J］．商业文化，2011（4）：372 - 373．

［136］张坚．企业技术联盟的利益分配机制研究［J］．科技管理研究，2008（3）：167 - 169．

［137］张金锁，王涛，邹绍辉．煤炭资源投资项目价值形成机理研究——基于实物期权［J］．北京理工大学学报，2013（12）：20 - 26．

［138］张进．资产定价理论及其发展［J］．企业导报，2012（12）：12 - 13．

［139］张坤民．可持续发展导论［M］．北京：中国环境出版社，1997．

［140］张莉．我国煤炭业上市公司内部治理结构的评价［J］．统计与决策，2013（24）：197 - 200．

［141］张雪梅，戴桂锋．基于实物期权的矿业投资价值评估［J］．财会月刊，2013（2）：76 - 80．

[142] 张亚连，张卫枚，孙凤英．企业生态经济效率与可持续发展 [J].城市问题，2011 (6)：67-70.

[143] 张迎新等．当前矿业权市场建设的若干问题初探 [J].国土资源情报，2013 (5)：9-12.

[144] 张颖．基于实物期权博弈的矿业投资决策研究与应用 [D].赣州：江西理工大学，2012.

[145] 张玉梅．我国矿业投资环境现状调查及优化建议——基于矿业投资环境问题的调查问卷 [J].矿产保护与利用，2015 (4)：236-240.

[146] 张玉梅．我国矿业投资软环境分析及对策研究 [D].北京：中国地质大学，2015.

[147] 张玉梅．中国省域矿业投资环境评价指标体系建立与结果分析 [J].中国矿业，2015 (6)：38-47.

[148] 章玲，周德群，张慧明．基于模糊层次 Choquet 方法的煤炭企业跨区投资区位选择研究 [J].软科学，2012 (2)：105-109.

[149] 赵金鹏．企业集团投资管理研究 [J].煤炭经济研究，2011 (4)：59-61.

[150] 赵庆，王志强．现代投资组合理论应用及发展综述 [J].浙江工商大学学报，2015 (1)：82-91.

[151] 赵晓丽，乞建勋．供应链不同合作模式下合作利益分配机制研究——以煤电企业供应链为例 [J].中国管理科学，2007，8 (4)：70-76.

[152] 郑京．煤炭行业上市公司股权结构对内部控制有效性影响研究 [D].沈阳：辽宁大学，2012.

[153] 郑振龙，陈志英．现代投资组合理论最新进展评述 [J].厦门大学学报，2012 (2)：17-24.

[154] 周德群．可持续发展研究：理论与模型 [M].北京：中国矿业大学出版社，1998.

[155] 周虓岗，尹海涛．中国产业能源强度的因素分解分析 [J].西南民族大学学报（自然科学版），2013 (5)：599-604.

［156］周晓山．矿区资源可持续发展评价指标体系的构建［J］．矿产综合利用，2006，10（5）：46－50.

［157］周欣，霍佳震．供应物流利益分配机制研究［J］．管理科学学报，2011（10）：77－83.

［158］朱启贵．可持续发展评估［M］．上海：上海财经大学出版社，1999.